# 300个联想破解游戏

汉宇编辑部 编著

中国铁道出版社
CHINA RAILWAY PUBLISHING HOUSE

北京市版权局著作权登记 图字 01-2017-0327 号

**图书在版编目（CIP）数据**

300 个联想破解游戏 / 汉宇编辑部编著 . —北京：中国
铁道出版社，2018.3
ISBN 978-7-113-23850-6

Ⅰ.①3⋯ Ⅱ.①汉⋯ Ⅲ.①智力游戏 Ⅳ.① G898.2

中国版本图书馆 CIP 数据核字（2017）第 239850 号

　　本书通过四川一览文化传播广告有限公司代理，经汉湘文化事业股份有限公司授权出版
中文简体字版。

书　　名：300 个联想破解游戏
作　　者：汉宇编辑部　编著

策　　划：孟　萧
责任编辑：范　博　　　　　　编辑部电话：010-51873697
编辑助理：王　鑫
责任印制：赵星辰

出版发行：中国铁道出版社（100054，北京市西城区右安门西街 8 号）
网　　址：http://www.tdpress.com
印　　刷：三河市宏盛印务有限公司
版　　次：2018 年 3 月第 1 版　　2018 年 3 月第 1 次印刷
开　　本：710mm×1000mm　　1/16　　印张：12.75　　字数：260 千
书　　号：ISBN 978-7-113-23850-6
定　　价：39.80 元

# Contents

## Chapter 2  平面图形分析

## Chapter 3  立体空间推理

## Chapter 4　纯粹逻辑推理

# CHAPTER 1

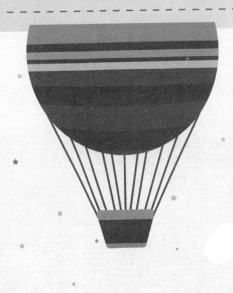

# 数字运算游戏

Go →

## 1. 如何刚好击中 50 点

难易程度：★☆☆☆☆

风和日丽的天气，我和杰森相约逛街，走着走着，看到一处射击摊位，杰森心血来潮想玩玩看。游戏规则是这样的，板子上有 10 颗气球，每颗气球上都写着不同的数字点数。射击次数不限，最后只要击中的气球上的数字加起来刚好为 50 点，就可以赢得一只迪士尼限量版玩偶。摊位老板说，能获得迪士尼限量玩偶的人并不多，并且告诉我们，大多数人主要是因为思考不周详而失去了获胜的机会。

**你知道要如何才能凑到 50 点，赢得迪士尼限量玩偶吗？**

## 2. 清仓大甩卖

难易程度：★★☆☆☆

NANA 鞋店的老板正在烦恼库存过多的问题，如果不尽快出清，就会造成资金断流，但低价出售又赔本。在权衡利弊之后，也只能忍痛降价出售。

鞋店老板打算不计成本处理掉库存商品，其每次降价都有规律可循。

原价 20 美元的鞋子第一次降价到 8 美元，第二次降到 3.2 美元，最后降到 1.28 美元。只要再降价一次，就是成本价了。

**聪明的你是否能够算出成本价是多少呢？**

## 3. 投票问题

难易程度：★★☆☆☆

学生会对某项临时动议进行投票表决。经过十几分钟，投票结果出来了，学生会干部向会长报告："投赞成票的人原本比投反对票的人多 1/3，但因不慎计票错误，导致投反对票的人中有 11 人被误记为赞成票，最后以 1 票之差，临时动议被否决了。"

学生会会长听到这个结果，虽然感到遗憾，但也只能照章执行了。

**从以上的描述中，你知道共有多少人参加投票吗？**

## 4. 谁是笨小孩

难易程度：★★★☆☆

上数学课时，老师要 3 名学生到讲台前辅助教学，在他们身上分别贴上数字 3、1、6，然后问他们："1、3、6 这 3 个数字，怎么排列才能被 7 整除？"只见他们又是抓耳，又是托腮，或是干脆发呆。班上其他学生也没有人能说出正确答案。

**你知道答案吗？**

## 5. 让翘翘板平衡

难易程度：★☆☆☆☆

根据这道题可以了解一个基本的代数原理：等式的两边同时加上或减去同一个数字，等式依然成立。

用消除法解决这道题：翘翘板左端坐着 5 个小男孩和 3 个小女孩，右端坐着 3 个小男孩和 6 个小女孩。将两端各减去 3 个小男孩和 3 个小女孩，使左端剩下 2 个小男孩，右端剩下 3 个小女孩，结果 2 个小男孩的重量正好等于 3 个小女孩的重量。

**如果翘翘板的一端坐着 8 个小男孩，另一端要坐多少个小女孩才能保持平衡？**

## 6. 洗衣服的费用

难易程度：★★☆☆☆

安迪和杰森将总共 30 件的长裤和衬衫送到洗衣店清洗。杰森的衬衫是衬衫总数的一半，长裤是长裤总数的 1/3，他的清洗费用总共 27 美元。

已知洗 4 件衬衫的价钱和洗 5 件长裤的价钱相同。

**请问，安迪应支付多少钱？**

## 7. 自行车商人的利润

难易程度：★★★★☆

商人雷特以 50 美元的价格出售一辆自行车，再以 40 美元的价格将其买回，显然他赚了 10 美元。然后雷特又以 45 美元的价格再次售出，再赚 5 美元，总共赚了 15 美元。

但是店员罗伯特说："一开始以 50 美元的价格卖了 1 辆自行车，在 2 次销售之后，他赚了 5 美元。请问，他是如何赚到这 5 美元的？你看，以 50 美元的价格卖掉自行车，仅仅是等价交换，既没有利润也没有损失，但是当他以 40 美元的价格买回，再以 45 美元的价格二次卖出，便赚到了 5 美元。"

会计苏珊却说："当以 50 美元出售，40 美元买回时，显然已赚到 10 美元。后来以 45 美元的价格再次售出，这仅仅只是交易，没有利润也没有损失，所以不会影响第 1 次获得的利润；也就是说，他获利总数为 10 美元。"

现在面临 3 种不同的答案：第 1 种说法认为利润是 15 美元，一般自行车商人都会持这个观点；而店员认为利润不超过 5 美元；但会计认为正确的利润应该是 10 美元。

**你认为自行车商人的利润应该是多少美元呢？**

## 8. 聪明的年轻人

莉萨在花店买了 1 束价值 34 美分的花，找钱时遇到了麻烦。她有 1 张 1 美元钞票和 1 枚 1 美分、2 枚 2 美分的硬币，而花店老板只有 2 枚硬币，不够找零给莉萨。此时，来了位年轻人，他有 2 枚 10 美分、1 枚 5 美分、1 枚 2 美分和 1 枚 1 美分的硬币。这位年轻人用他的聪明才智帮花店老板和买花的莉萨解决了难题，最后 3 个人都拿到了应得的钱。

**你知道怎么解决这个难题吗？**

## 9. 赌马高人

安迪和威廉带着同样金额的钱，准备在赛马中采用罗斯林勋爵赌博法，就是把赌注押在呼声最差的马 M 上，且押下的赌金等于赌博公司开出的这匹马对 1 美元的赔率。安迪把赌注押在劣马 M 身上，赌 M 能赢得第一，而威廉则认为 M 可以得第二，于是他们根据不同的赔率押下不同的赌注，尽管两笔赌注加起来用去了他们所带赌金之和的一半。结果他们都赢了。赢钱后，安迪身上的钱是威廉的 2 倍。

**如果必须是以整数美元做为赌注，那他们各赢了多少钱呢？**

## 10. 银行出纳的烦恼

在银行担任出纳的肯特讲述了在工作中遇到的趣事，这些趣事为单调乏味的工作增添了些许乐趣，但有时候也会遇上让人摸不着头绪的小难题，就需要用些技巧来处理了。

一天，来了位老太太(看上去和普通人没有什么两样)，她递给肯特 1 张 200 美元的支票，跟他说："麻烦你，我要换一些 1 美元，还有 10 倍数量的 2 美元，剩下的都换成 5 美元。"这个问题是不是有些伤脑筋呢？到底需要多少 1 美元和 2 美元，再加上多少 5 美元，才能满足老太太的要求？

**如果你是银行出纳，会怎么处理呢？**

## 11. 赛马场趣题

赛马运动历史悠久。至今，赛马迷们仍为此项运动狂热不已，甚至吸引许多知名厂商作为这项运动的赞助商,投入大笔资金制作广告,但他们却不一定了解赛马场的赔率,赛马场为了让赞助厂商对赛马场上的赔率能略知一二,提出以下的问题供思考。

假如对赛马"阿力仔"的赔率是 7∶3,而对赛马"白帅帅"的赔率是 6∶5,那么对赛马"飞飞"的赔率是多少?

**你能算出来吗?**

## 12. 游行方阵 　　　　　　　　　　　难易程度:★★★☆☆

在一年一度的佛罗伦萨大游行上发生了件有趣的事情。在排练时,威尔先生大声地说:"从我还是孩子的时候第 1 次参加佛罗伦萨大游行,到现在已经有 1/4 个世纪了。"很可惜,年迈的威尔先生在 8 月初被严重的流感夺走了生命。之后,在 8 月 20 日那天的游行队伍中,大家突然发现方阵的最后一排缺了 1 人。按照传统习俗,这个空缺破坏了整个方阵,并使得游行队伍成了令人恐慌不安的送葬队伍,因此不得不补上这个空缺。

按照习俗,方阵队伍每 10 人一排,但最后一排只剩下 9 人,那是威尔先生原来所站的位置。他们这样走了两条街,观众们大声地询问威尔先生的情况,叫喊声完全淹没了行进乐队吹奏的音乐。最后只好改成每排 9 人,因为不合适每排 11 人。然而威尔先生的位置又空了出来,最后他们不得不停了下来,因为有人发现最后一排只剩 8 个人。

接着大家又试着每排站 8 人、7 人、5 人、4 人、3 人,直到每排只站 2 个人,最后一排仍有空缺。大家开始议论纷纷,说那个位置是威尔先生的,没有任何人可以代替。虽说有点迷信,但每一次开始变换队伍时,似乎都有人会听见威尔先生"一瘸一拐的脚步声"。因此所有人都坚信是威尔先生的灵魂在参加游行,所以没有人敢去补这个空缺。

总指挥官鲍伯是个非常机敏的人,他命令大家排成一队,这样即便是威尔先生的灵魂参与了游行,也只能排在队伍的最后向他的保护神致敬了。

**假设游行的人数不超过 7000 人,请问,共有多少人参加这次游行?**

## 13. 数硬币谜题 　　　　　　　　　　　难易程度:★★★☆☆

居住在同一间宿舍的 3 名大学生杰森、杰克和汤姆,因为假日天气不佳,无法出游,杰克便提议玩扑克牌。每个人手上只有2枚硬币,3个人共有6枚硬币,总共是3美元,这是他们玩牌的总金额。假设牌局开始和结束后,钱的总数不变,汤姆赢了8美分,杰森赢了22美分。(不需按美元实际通用面额计算)

**请问,提议玩扑克牌的杰克最后还有多少钱?**

## 14. 富商分财产
难易程度:★★★☆☆

富商李逍遥已年过半百却膝下无子,近日终于即将老来得子一偿宿愿,在欣喜之余他承诺,如果是男孩,他将把2/3的财产留给儿子,1/3的财产留给妻子;如果是女孩,他将把2/3的财产留给妻子,1/3的财产留给女儿。

这一天孩子出生了,竟然是龙凤双胞胎。这下可为难了这个新爸爸,李逍遥想来想去也不知道应该如何分配财产给自己的家人。

**你觉得李逍遥应该如何分配他的财产呢?**

## 15. 少了的助学金
难易程度:★★★☆☆

温迪夫人每周日都会拿出一笔固定金额的资金捐助给镇上需要帮助的学童。她对领助学金的学童说,如果少来5人的话,每人就可以多得2美元。因此每位领助学金的学童都希望下周不要有其他人来。到了下周发放助学金时,不仅没有少人反而多了4人,使得他们每个人领到的助学金比以前少了1美元。

**你知道上周他们每个人得到多少助学金吗?**

## 16. 油和醋
难易程度:★★★☆☆

艾尔是一位精明的投机商人,大家都好奇地想知道他最初是如何发迹的。于是有一天,A报社记者对他做了专访,并提出长久以来大家对他的好奇与疑问。他微笑着跟记者说:"我是以卖油和醋起家的。我的第1位顾客买了14美元的油和14美元的醋,每加仑油价是醋价的2倍,最后我还剩下了1桶。"说完,还朝A报社记者神秘地笑了一下。

他最初的资产如图所示。

**你能猜出他卖掉的是哪几桶,分别是什么,而剩下的那一桶值多少钱吗?**

## 17. 大甩卖的开销

难易程度：★★☆☆☆

劳伦斯太太总喜欢在大甩卖的时候囤积物品，她觉得这样能够为家里省下不少钱，因为很多物品的价格比平时便宜一半，甚至还更多。

今年大甩卖时她又和家人抢购了许多物品，同样没有花费太多的金钱。她对邻居泰乐丝小姐讲述这个经历时这样说，在半个小时之内她花掉了一半的钱，然后还剩下 A 美元 B 美分，而之前她有 B 美元 2A 美分。

**请你动动脑算算看，劳伦斯太太在此次大甩卖中总共花了多少钱？**

## 18. 聪明的肯特

难易程度：★★★☆☆

肯特是位农业投资商，原先要去郊区的小镇公干，下车后，他发现自己下错车站，因此不得不在原地等待下班列车。在这期间，他随处逛逛，忽然脑筋一转，走向一处摊位花了 243 美元买了一大麻袋的顶级咖啡豆。肯特将咖啡豆分装成若干小袋，卖给小镇上规模最大的咖啡厅，卖价是每小袋 18 美元。成交后，他所得的利润刚好等于其中 6 小袋最初买进价格的价值总和。

**请问，肯特将咖啡豆分成多少小袋出售？**

## 19. 姐弟逛市集

难易程度：★★☆☆☆

姐姐雪莉和弟弟皮尔一起带着还不满周岁的小弟逛市集。走到零食摊前时，雪莉对皮尔说："给我 1 便士，这样我和小弟可以各买 1 根吉拿棒，而剩下的钱也足够为你自己买 1 根吉拿棒。"皮尔说："不行，小弟的牙齿还没有长齐，不能吃吉拿棒，还是你给我 1 便士，我们各买 1 包焦糖爆米花吧！"

**你知道他们各有多少钱吗？**

## 20. 土地交换

难易程度：★★★☆☆

李老伯打电话给在外地工作的儿子李源，让他回家帮忙处理家中的土地事宜。李源回家了解情况后，骑车到附近看了看，然后回家告诉父亲可以答应王老伯的要求。

事情始末如下：

隔壁王老伯想要用自家的西瓜田跟李老伯家的西瓜田交换。两人将王老伯家西瓜田的平面图画在木板房门的右边,李老伯家的画在左边。虽然这两位瓜农对如何计算土地面积全然不知(1 英亩土地等于 43 560 平方英尺)。但王老伯认为年轻的李源上当了,因为他家的那块地,围栏用的横杆比李老伯家的少一点。

王老伯家的那块地,宽边用了 140 根横杆,长边用了 150 根,总共用了 580 根横杆;而李老伯家的土地,长边和宽边分别用了 190 根和 110 根横杆,共用了 600 根横杆。但毕业于土木工程系的李源清楚地知道,几何学提到长方形的形状越接近正方形,其面积与周长比就越大。在这种情况下,其实他家换来的田地比换出去的田地要稍微大一些。

假设在这两块土地上,每英亩土地都能长出 **840** 个西瓜,你能准确算出王老伯将在每英亩土地上损失多少个西瓜吗?

## 21. 选举问题 难易程度:★★☆☆☆

美林村 4 年一度的村长选举结果出炉了。这次的选举有 4 位候选人参选,有效选票为 5219 票。只知当选者分别以超出 22、30、73 票的成绩击败其他 3 位选手,但是无人能算得出他们各获得的具体票数。

你能算出他们每个人具体的得票数吗?

## 22. 被抹去的数字之一 难易程度:★★★☆☆

戴维与友人在登山时发现 1 座石碑,在石碑上刻有算式(如下图),其中有些数字因时间的流逝已无法看清,戴维一行人想破头也无法解答。

```
      •9)6•8•••(•5•
         •••2
         •9••
         ••4•
         ••4
         ••••
```

你能复原那些已看不清的数字吗?

## 23. 为百年庆典设计的趣题 难易程度:★★★★☆

1876 年,费城庆祝美国百年盛典时,谜题设计者出了道小巧有趣的数学题,引

Chapter 1
数字运算游戏

Chapter 2
平面图形分析

Chapter 3
立体空间推理

Chapter 4
纯粹逻辑推理

答 案

起不少关注。这道题目是:将0~9这10个数字和4个点(可用于表示小数点,也可以表示无限循环)巧妙排列,通过依次相加,使和为100。

这道题目在世界各地广为流传,但多数解题者违背题目本意,因此正确答案一直没有公布。许多被认为符合要求的答案,事实上都不完全满足条件要求。因此谜题设计者重申题目要求:单纯地将数字和点进行排列,不借助任何未出现在黑板上的符号和数字,使所得的数字通过依次相加得到的和为100。

**你知道怎么样排列吗?**

尽管这道题目的简易程度显而易见,但其蕴含着非常科学的数学原理。此类型题目有一个重要又有趣的特征,这也是每位数学老师和喜欢数学,甚至是初级数学爱好者,应该理解的。

## 24. 被抹去的数字之二

难易程度:★★★☆☆

中国人对数字非常精通,不仅可以完全靠心算,且能通过除法来做乘法,通过减法来做加法。也可以通过一些简单的方法演算一些复杂的题目。

中国教授为乔治举了个例子,演示如何进行加法运算。他将0、1、2、3、4、5、6、7、8、9这10个数字排列成两行相加,然后把算式抹去,再叫乔治任意抹去结果中的1个数字。但他马上就能说出乔治究竟抹去了哪个数字。

**你知道乔治究竟抹去了哪个数字吗?**

这道题目看起来好像不难,却很有趣。

试着换掉10个缺失的数字来看看。不过实际题目的内容很简单,只要说出答案中哪个数字被抹除即可。

## 25. 加法和乘法

数学老师出了道题目：加法与乘法

我们都知道 $2+2=4$，$2\times2=4$。如果 $A+B=Y$，$A\times B=Y$，那么 $A$ 和 $B$ 除了是 2 外，还可能是什么数字呢？

试一试 2.618024 和 1.618034 这两个数。实际上，这道题目有许多答案，规则非常简单。

**你能发现其中的秘密吗？**

## 26. 荷兰夫妇的姓名

荷兰仍保留某些传统习俗，鸡、鸭、牛、羊和农产品都依照奇怪的度量单位和每个品种对应的数量进行买卖，例如：鸡蛋按 20 个一组售卖，有些东西则成打出售，还有些东西则按蒲式耳(bushel)、配克(pecks)和小单位出售，白糖则按 3.5 磅售卖。

有这样一道有趣的题目：3 个荷兰朋友都是新婚燕尔，他们是克里欧、克拉克和伯朗斯，夫人的名字分别是卡玲娜、拉芙玲和凯恩，但是谁是谁的夫人，并没有明确说明。他们去市场买小猪，每个人买猪的数量和他们支付的每头猪的单价(单位：先令)是一样的。克里欧比拉芙玲多买了 23 头，克拉克比卡玲娜多买了 11 头。每个男人都比他们的夫人多花 3 几尼(旧时英国金币，1 几尼合 21 先令)。

以试验性的解题方法，通过买的猪、买猪付的钱和男女搭配情况来正确配对他们。

**你知道谁是谁的夫人吗？**

## 27. 德式香肠

辛普森家的 3 个男孩在上学途中迷路了，虽然很努力地寻找学校的位置，但到了午餐时间，他们还在福特公园附近打转，于是就在路边买了德式香肠果腹。此时，雷克手上有 4 根德式香肠，汤姆有 7 根。为了支付自己的那 1 根香肠，约翰拿出 11 美分，分给雷克和汤姆。如此，3 个人的支出便相等。对商人来说，这可以算是一道难题了，但是对这 3 个小学生来说，2 人分 11 美分不比 3 人分 11 根香肠更让他们为难。

**你知道雷克和汤姆如何分 11 美分吗？**

如果能答出这个问题，也就能知道德式香肠的价格。

## 28. 掷骰子的机率
难易程度:★★★☆☆

画 6 个方格,分别以数字 1～6 标注。任何人都可以根据自己想得到的回报在对应的方格里下注,然后再掷出 3 个骰子,如果得到的结果和下注的方格一致,不但可以拿回成本,还可以得到相应倍数的回报。

例如:用 1 美元押 5 点,如果有 2 个骰子的点数是 5 点,那么可以拿回 1 美元的本金和 2 美元的回报;如果骰子有 3 个 5 点,那么可以拿回 1 美元本金和 3 美元回报。

**你能算出赢和输的机率分别是多少吗?**

## 29. 排序历史书
难易程度:★★★★☆

哈克小时候因为顽皮好动,父母为他买了 9 本由休谟著的《英国史》,想培养他静心读书的习惯,并承诺只要哈克好好读这些书,想要什么礼物都可以。

哈克发现,历史这门学科蕴藏的内容简直比两个图书馆的容量还多。爱好数学的哈客还发现了一件有趣的事,那就是可以用这些历史书来设计有趣的益智题。

例如:分 2 排放置 9 本书,上面放 4 本,下面放 5 本,即把第 6、7、2、9 册书放上面,第 1、3、4、5、8 册书放下面,刚好可以得到一个分数 1/2。同理,调整 9 本书的摆放位置,还可以得到其它分数:1/3、1/4、1/5、1/6、1/7、1/8 及 1/9 等。

这是一道很简单的题目,不涉及任何数学计算难度,只是一个有趣的数字游戏,可以熟悉数字的特殊性质。

**你知道怎么解题吗?**

## 30. 叫卖鸡蛋糕
难易程度:★★☆☆☆

"鸡蛋糕,鸡蛋糕,来买鸡蛋糕！1 个 1 美分,2 个也是 1 美分。鸡蛋糕,鸡蛋糕！如果女儿不爱吃,买给儿子吃,2 个 1 美分,3 个还是 1 美分。鸡蛋糕,鸡蛋糕！女儿和儿子一样多,所以给他们 7 美分买鸡蛋糕！"这是借由路旁鸡蛋糕叫卖声而衍生出来的数学题。

由上述可推断,总共有 3 种不同售价的鸡蛋糕:1 美分 1 个、1 美分 2 个、1 美分 3 个。男孩和女孩的数量一样,为了公平对待每个人,总共给他们 7 美分。

**请问,每人可得到几个鸡蛋糕?**

## 31. 儿童福利之家

安娜为小区建设新的儿童福利之家，正在招募志愿者。我则利用业余时间帮忙做工程分配及整理各类报价。最后得到的结果如下：

裱褙工和油漆工：1 100 美元

油漆工和水管工：1 700 美元

水管工和电工：1 100 美元

电工和木工：3 300 美元

木工和水泥工：5 300 美元

水泥工和裱褙工：2 500 美元

**请问，每项工程各需花费多少费用呢？**

## 32. 爱心棒棒糖

张先生与李先生因为孩子参加爱心活动，而准备了许多棒棒糖，让孩子在活动中义卖，并打算将义卖所得全部捐出。张家大儿子卖的棒棒糖是总数的 1/4 再加上 1 根棒棒糖；李家大儿子卖的是剩下的 1/4 再加上 1 根；张家大女儿卖的是前 2 人卖剩下的 1/4 再加上 1 根；李家大女儿卖的是前 3 人卖剩下的 1/4 再加上 1 根。此时，张家的 2 个孩子以比李家的 2 个孩子多卖出 100 根棒棒糖。最后由他们当中年龄最小的李家小儿子卖光剩下的棒棒糖。

**请问，李家 3 个孩子卖的棒棒糖比张家 2 个孩子卖的棒棒糖多了多少根？**

## 33. 还差 1 美分

沃克放学后，妈妈拿了 31 美分请他到街角的水果店买 3 个苹果和 4 根香蕉。沃克走进水果店，把 31 美分放在柜台上，对店员说："请给我 3 个苹果和 4 根香蕉。"但是沃克又觉得苹果比香蕉好吃，于是又对店员说："我改变主意了，请给我 4 个苹果和 3 根香蕉。"

店员说："这样的话，你的钱还差 1 美分。"

"喔！那就算了，还是照旧吧！"沃克一边说着，一边拿着买来的东西走出水果店。

**你知道 1 个苹果和 1 根香蕉分别是多少钱吗？**

## 34. 酒水限售令

难易程度：★★★★☆

在新罕布什尔州有个小镇曾经实施过酒水限售令,只有该镇镇长指派的代理商查理是唯一被授权可以销售该镇的酒水,为期 1 年,并预支他 12 美元的现金和价值 59.50 美元的酒水。在年终盘点账目时,镇长发现查理还额外购入价值 283.50 美元的酒水。他的全年销售总额累计达到 285.80 美元,其中,他还能够抽走 5% 的佣金做为薪水。

右边的示意图表示代理商查理和小镇镇长考虑问题的方式,每个品种酒水的价格都以零售价的形式标记出来。

**请问,这个小镇通过售酒业务可获利多少?**

## 35. 麦粒的奖赏

难易程度：★★★★☆

据传说,国际象棋是由一位叫塞萨的印度人所发明,印度的舍凡大帝问塞萨想要什么样的奖赏。而塞萨看似谦卑的请求到:"请您在棋盘上的第一个方格上放 1 粒麦粒,第二个方格上放 2 粒,第三个方格上放 4 粒,第四个方格上放 8 粒……以此类推,后一方格上放的麦粒数目必须是前一方格上的 2 倍,直到布满整个棋盘。"

国王答应了他的请求,然而等到麦子成熟时,国王才发现百年内都无法提供足够的小麦满足这笔奖赏带来的债务。塞萨坚持要这笔债务,宣称印度所有的小麦都属于他。

本来国际象棋被称做皇家游戏,但是让国王大丢面子的是,他竟然把这项游戏命名为 chess,按韦式字典的解释,这是种导致小麦枯萎的有害野草的名字。对于普通人来说,需要偿还给塞萨的小麦数量如此之多,以至于难以计算出这样巨大的数字。

这个游戏开始流行,但与此同时,国王也已经能够解决这个伟大的印度数学问题,并拯救他的国家。他把塞萨叫到身边说:"算出要给你多少麦子是很容易的事,但是你必须准确地数清楚。这样吧,你自己带助手去粮仓取走你所数好的麦子,但是如果你数得不对,你会因欺诈罪而丢掉脑袋。"

塞萨发现他一天付了半个卢比的工人,两个星期都数不满半蒲式耳的麦子,而他用 0.5 卢比就能买 6 蒲式耳的麦子时,赶紧从这个游戏中抽身。

**你知道这个棋盘命题中所需的麦子数是多少吗?**

## 36. 高尔夫杆数

难易程度:★★★☆☆

提姆的朋友比利是职业高尔夫球选手,是高尔夫球场上的常胜军。提姆问比利:"在高尔夫球比赛中,取胜的关键是什么?"比利说:"练两杆就行了,一杆是远击,另一杆是近推,通过两杆联合打出的距离,就能把球直接送入球洞里。"也就是说,在一条有 9 个球洞的路线上,需要打出最少的杆数才能胜出,必须先算出那几杆各自合适的距离是多少。现在这条路径上的长度分别为:150 码、300 码、250 码、325 码、275 码、350 码、225 码、400 码和 425 码。

**你能解出这个谜题吗?**

## 37. 钻石和红宝石

难易程度:★★★☆☆

在珠宝市场的行情中,钻石的价值随其重量的平方增长,红宝石的价值则随其重量的立方增长。如果 1 克拉质量优良的钻石值 100 美元,相同质量的 2 克拉钻石约值 400 美元,3 克拉同等纯度的钻石就值 900 美元。如果 1 颗重 1 克拉的优质东方红宝石值 100 美元,那 2 克拉的红宝石就约值 1 600 美元。由于红宝石的尺寸不像其质量那么重要,这里讨论的是同等纯度和相同光泽的宝石。有时候,1 颗 1 克拉的钻石可能比 2 倍或 3 倍大的其它宝石还要值钱,所以尽管在市场交易中需要相当精准地判断,但哪怕是珠宝专家,也只能够估算出大概的价格。

有位专做钻石买卖的珠宝贸易商秀出 1 对钻石耳环,这对耳环是他用 2 块大小不同的宝石交换得来的。

基于 1 克拉钻石值 100 美元的价格水平,根据前面的说明,谁能够猜出与这对大小相同的耳环相交换的 2 块大小不同宝石的尺寸呢? 2 颗宝石最小的尺寸可能是多少呢? 其价值用克拉表示时不须用到分数。

**基于这些要求,你能算出正确的答案吗?**

## 38. 麻绳的小生意

难易程度：★★☆☆☆

麻绳或称吕宋绳，是菲律宾群岛重要的特产，这种物资大多被中国的出口商所控制，他们用船将这些产品运往世界各地贩卖。除了中国商人外，还有日本人，日本商人做生意有一套独特的买卖方式。但由于没有统一的货币，也没有固定的价格，结果几乎每一笔买卖都会引发争议。

有位水手走进一家麻绳商店，用略带侮辱的口气问道："你能告诉我，这附近哪里有最好的绳子商店吗？"

老板回："我这里只卖最好的绳子，恐怕我店里最差的绳子都比你想要的还要好。"

"把最好的绳子拿出来，我要买最高档的。这种绳子你要卖多少钱？"水手问道。

"一捆 7 美元，有 100 英尺长。"老板一边回答一边拿出绳子。

"太长太贵了。好的绳子我最多才出 1 块钱，这个太糟糕了。"

"这是标准的绳子。"老板回答。并出示证明长度和质量的资料。

"如果钱不够，要多少买多少，按 1 英尺 2 美分计价。"

"给我 20 英尺。"水手炫耀地拿出 1 枚 5 美元的金币。

老板量出 20 英尺，动作很夸张，故意让人感觉尺寸足够。但是水手注意到，老板把那应该是 1 码长的尺在 33 英寸的地方折断了，正好短了 3 英寸。所以当绳子剪断以后，水手不动声色地指着长的一段说："我要买 80 英尺这一段。你不必送，我自己搬就好。"然后扔下一枚 5 美元的假币，老板找不出零钱，只得到隔壁商店去兑换。水手拿到找回的零钱后就拿着绳子走了。

假设老板被邻居要求将那张假币换成真币，而绳子也确实值 1 英尺 2 美分。

**请问，老板总共损失多少钱？**

## 39. 机率是多少

难易程度：★★★★☆

罗宾是高级时尚宴会厅的物品寄放处的管理员，他斩钉截铁地说明宴会当天发生的事情，他绝对没有弄错。

罗宾说，在宴会当天结束时，寄放处外只剩下 6 顶帽子。但是来领取帽子的人都已喝得酩酊大醉，他们没有一个人能出示寄物牌，更没有办法认出哪一顶才是自己的帽子。因此罗宾不得不让他们自己来挑选。但是事后发现，每个人拿走的帽

15

子都不是自己的。

罗宾是老实人,他绝不作假。

**你知道 6 个人都拿错和拿对帽子出现的机率是多少?**

## 40. 货币趣题  难易程度:★★★☆☆

中国古代的钱币始于公元前,距今已有几千年。在当时,主要的流通货币为银元宝和铜钱,铜钱是中间有圆形、正方形或三角形孔的铜合金铸币。人们通常把铜钱穿成一串来进行换算。

假设 11 枚圆孔铜钱值 15 个小钱,11 枚方孔铜钱值 16 个小钱,11 枚三角形孔铜钱值 17 个小钱,判断得需要多少枚圆孔铜钱、多少枚方孔铜钱、多少枚三角形孔铜钱,才能买到一只价值 11 个小钱的小猪?

**你能算出答案吗?**

## 41. 分配果子  难易程度:★★☆☆☆

3 个摘果子的女孩决定按照平时的习惯,根据年龄大小来分配她们的"战利品"。在分果子之前,她们都没有特别费心去数摘了多少果子。芸芸每次分得 4 个,婷婷就能得到 3 个;芸芸每次分得 6 个,娜娜就能得到 7 个。就这样,3 个女孩没有用笔和纸,就轻易地解决问题。

分完之后,得知她们共摘了 770 个果子。

**你知道 3 个女孩的年龄和分别获得多少个果子吗?**

## 42. 好朋友分糖果  难易程度:★★★☆☆

吉米、比利、威廉和强森是同班同学,也是从小一起长大形影不离的好朋友。他们经常在一起玩耍,无论任何事都会一起分享。

一天,威廉的爷爷给了他 20 美分零用钱,威廉拿着钱去杂货店买了 20 颗糖果,然后约了好友一起到小区公园边玩游戏,边分吃糖果,等到太阳快下山时,他们的糖果也都吃完了。

已知威廉想买的软糖 4 美分 1 盒,口香糖 4 颗卖 1 美分,2 颗巧克力也是卖 1 美分。

**你知道威廉是如何使用 20 美分的吗?**

## 43. 差1美分　　　　　难易程度：★★☆☆☆

在美国的公交车上经常会遇到一些找零钱的情况,有时让买票的人和卖票的人都非常困扰。

有位行动迟缓又重听的老太太,她拿出 1 美元钞票来支付车费。售票员手上有 94 美分,差 1 美分,找不开老太太的钱,但是因为老太太听力障碍。两人沟通半天也没能把钱找开。

**你知道售票员手上有哪些面额的硬币吗？**（回答这个问题,需要对美国硬币面额有一定的了解。）

## 44. 神谕的建议　　　　　难易程度：★★★★☆

古希腊人非常信奉神祇。所以上至战争、下至市集贸易,任何事情在决定前都要请示神祇,如果没有得到神谕,他们是绝对不会去做的。

在农村有对夫妇,他们想知道伟大的神是否同意他们用 1 头羔羊交换 1 头山羊的买卖。根据神谕他们走到一面铜镜前,镜子上显示："你们的羊会增加,直到拥有的绵羊数目乘以拥有的山羊数目,得到的积正好是山羊和绵羊的数目之和！"神谕的言语非常模糊,而且充满神秘感,不过农夫夫妇似乎明白了。

**请想想,他们的山羊和绵羊数目各是多少？**

## 45. 3 个小渔夫　　　　　难易程度：★★★☆☆

渔村里 3 个男孩相约到海边垂钓,一天下来和往常一样,他们钓了一大串鱼,满载而归,随后将鱼卖掉,共获得 3.9 美元,共 7 枚硬币。但是要如何平分这 7 枚硬币呢？只知道 3.9 美元可以被 3 除尽,但 7 枚硬币却无法让 3 人均分,他们想破了头还是无法解决这剩余的硬币。

这时,年纪最小的男孩提议,与其为这件小事烦恼,不如把那枚剩余的硬币丢到村里的那口老井里(小男孩知道,井里根本没有水。心想,等第二天一早跳入井里,再把硬币拾起即可)。于是他们决定这么办,然后这 3 个"小渔夫"将剩下的钱均分了。

**你能算出精明小男孩扔掉的那枚硬币是多少吗？**

## 46. 卡西买鸡蛋

难易程度:★★★☆☆

卡西下班后走到巷口看见一间新开张的杂货店,于是走进去逛逛,顺便买了几个鸡蛋回家。妈妈想知道新开张的杂货店的鸡蛋售价,于是问卡西:"这些鸡蛋1个多少钱?"卡西说:"这些鸡蛋共付了12美分。"随后接着说:"因为鸡蛋实在有点小,我要求老板多加了2个,然后我算了一下,这样鸡蛋的价钱大概比老板原先的要价少了1美分吧!"

**请问,卡西用12美分买到多少个鸡蛋?**

## 47. 瑞恩的年龄

难易程度:★★★☆☆

在日常生活中,时常会出现有趣的谜题。

史密斯夫人说:"莘蒂现在的年纪是她开始饮酒时的1+1/3倍,而当时小瑞恩才40个月大。瑞恩现在的年龄比莘蒂开始饮酒时我年龄的一半大2岁,当瑞恩的年龄和莘蒂开始饮酒时的年龄一样大的时候,我们3个人的年纪加起来总数刚好是100。"

**请问,你知道小瑞恩现在几岁吗?**

## 48. 调涨工资

难易程度:★★★★☆

肯尼先生买下一座葡萄庄园准备酿造葡萄酒,他聘请3名工人来帮忙,双方协议工头的薪水为每天1.1美元、杂工1美元、助手90美分,平均每人每天1美元,并签下101天的工作合约,总工资为303美元。

隔日,有2人同时要求涨工资并缩短劳动时间。肯尼先生经过与劳动仲裁委员会的沟通后,认为他们的要求是合理的,所以答应给这2名工人涨工资。经过协调后,所有人均表示满意。在工期结束后,每人得到的报酬都是101美元,完成303工时的工作量。

**请问,是如何分配的呢?**

## 49. 小狗的年龄

难易程度:★★☆☆☆

钱宁与女友已交往多时,今天正式拜访女友的家人。此时女友的弟弟正牵着一只狗走入客厅,小狗亲热地趴到他的腿上,女友的弟弟是个机灵活泼的孩子,听说还是个数学小天才。

这位数学小天才说道:"你从小狗潘妮背上的项圈是看不出它的年龄的。但是5年前,我姐姐的年龄是潘妮年龄的5倍,而现在姐姐的年龄只相当于潘妮年龄的3倍!"

钱宁非常想知道潘妮的年龄,因为他不想在未来的小舅子面前丢脸,虽然他的小舅子还是个小孩子。

**你能帮钱宁算出潘妮的年龄吗?**

## 50. 新局长的困惑　　难易程度:★★★☆☆

在美国的偏远地区,因为人口稀少且年轻人大多前往城市发展,经常留不住人才,往往各行各业从上到下都要身兼数职,互相帮忙,甚至还要熟悉地区每户人家的家庭状况。例如:修车厂的老板是个鳏夫,地区唯一一间理发店的老板娘是个寡妇,他们是大家公认的一对;在第三条街左边最后一户住着一个足不出户的疯子,有机西红柿园的主人是从城里搬来的农业博士等。

这天,地区的邮局来了位老太太,邮局老员工一见到她进门,立刻躲到柜台后面,并请坐在后排的新任局长上前处理。原来是杂货店老板班克先生那个精明又难缠的妈妈来了。老太太一进门就大吼着:"我要买邮票寄信给我的宝贝孙女。"说完,她给了局长1美元,并说:"给我一些2美分和1美分的邮票(数量是2美分的10倍),剩余的全买5美分的。"

这位新任局长被这个突来的状况吓了一跳。老太太要买一些2美分的邮票,10倍之数的1美分的邮票,剩余的买5美分的邮票。

**请帮邮局局长算一算如何给老太太所要的邮票?**

## 51. 太太们的晒衣绳　　难易程度:★★☆☆☆

有些家庭主妇总是喜欢结伴去市集购物,这样买东西时才可以互相帮忙杀价,甚至可以一起凑数量,买到更便宜的东西。这不仅是她们的购物习惯,更是她们的乐趣。但在一般人看来,这种买东西的方式,很容易造成拆账上的麻烦。不过对于这些经验老道的主妇来说,根本难不倒她们。

有天,里根太太和朋友川普太太合买了1条长36米的晒衣绳。由于里根太太支付了一大半费用,所以得到的绳子较长一些。已知川普太太得到的晒衣绳长度是里根太太的5/7。

**请问,2条晒衣绳的长度分别是多少?**

## 52. 麦克有多少钱

难易程度:★★★☆☆

在一个暴风雪的午后,麦克与2个哥哥罗伯和卡特悠闲在家,麦克便提议来玩扑克牌。

第1局麦克输给了2个哥哥,使得罗伯和卡特面前的筹码都变成之前的2倍。而罗伯和麦克赢了第2局,让他们的筹码也翻倍了。然后卡特和麦克赢了第3局,此时他们面前的筹码翻了1倍。但是奇怪的情况出现了,每个人都赢了2次,且仅输1次,每个人此时拥有的筹码数量都相等,只有麦克输掉了100美元。

**请问,麦克、罗伯、卡特原来有多少钱?**

## 53. 修车道的工钱

难易程度:★★★☆☆

富豪雇用2名工人为他的别墅修一条车道。因为这座新别墅距离马路有100码之远。富豪同意完工后支付100美元的工钱。本来工钱的分配简单明了,没有问题。但2名工人无法同时工作,导致不能按工时来分钱。最后,他们协议从车道的两头开始工作,然后根据修的码数来算工钱。一个人从靠近房屋那头开始修,那头有比较多的垃圾需要清理;另一个人从靠近马路的那头开始修,那头有较多的泥土需要运走。经双方协商,一致同意前者每修1码得0.9美元的工钱,后者每修1码得1.1美元的工钱。

工程结束后,他们根据事先的商议分配工钱。最后每人应得工资均为50美元,于是各自拿了工钱便高高兴兴地回家去了。

富豪是大学著名的数学教授,他把2名工人叫回来,告诉他们这样分钱是不对的。富豪解释说:"无法就商定的价格计算出每个人的工钱,所以2个人分相同的工钱是不对的。"这件事情越说越复杂,使得2名工人开始感到不悦,以至于木工、水泥匠和水管工都出于同情也一起罢工,造成富豪的别墅在2年后都还没有完工。

**你能否算出2名工人应各自做多少工作才能得到相同的工钱?**

## 54. 配对另一半

难易程度:★★★☆☆

富翁家中有3个正值适婚年龄的女儿,为了催促她们尽快结婚,富翁想出了一个办法。他对女儿们说，要根据她们的体重来分配黄金，但前提是她们必须先找到对象并举行婚礼。女儿们便迅速地找到各自的意中人，并在同一天举办婚礼。在婚宴上，新人们跟大家一起吃了一天的流水席，这让宾客们个个心花怒放。

新娘们的总重量为 396 磅，其中大女儿海伦比小女儿玛莉重 10 磅，二女儿凯蒂比大女儿重 10 磅。新郎汤姆和他的新娘一样重，班森的体重是新娘的一半，安迪是他的新娘体重的 2 倍。新娘和新郎的总体重为 1 000 磅。这谜题很有趣，不需计算新郎的体重。

**请问，在婚礼结束后，新人们的正确配对是如何？**

## 55. 西装的售价　难易程度：★★★☆☆

约翰是位成功的商人，他对小儿子说："查尔斯，你知道吗？生意成功的关键不在于货物的售价是多少，而是在于货物进价的高低。因为只有进价便宜，利润才会更高。我来考考你，并让你从问题中明白我所说的话。

例如：我售出 1 套高级的西装原本能够获利 10％，但是如果我的进价能便宜 10％，我在这个进价的基础上加价 20％ 之后，西装的价格则比原来的售价降了 0.25 美元。查尔斯，你觉得大多数的人会愿意用多少钱来买这套西装呢？"

**你知道这套高级西装原来和现在的售价各是多少吗？**

## 56. 瓷器大特卖　难易程度：★★★★☆

喜欢到处购买打折商品的凯瑟琳，在知名品牌瓷器店大特价（每件商品降价 2 美分）的最后一个周末，花 1.3 美元买了一些盘子。隔两天，也就是周一，她按照原价将盘子退给商店，再用它们换了一些杯子和小碟子。

根据现在的价格，1 个盘子、杯子、小碟子的价格相差不多，但是她多换得 16 件物品。小碟子价格较低，只值 3 美分，因此她换得的小碟子数量比杯子的数量多 10 个。

**你知道凯瑟琳用相同的钱可以买到多少个杯子吗？**

## 57. 商人打算盘　难易程度：★★★☆☆

中国古代进行买卖时是用算盘做为计算工具。在广东有位商人李明，他进城买几只小狗和几对小白兔,小白兔的对数正好是小狗数目的一半。小狗的进价是2只角子,每对小白兔的价格相等。后来李明将它们加价10%售出,自己留下7只。李明用算盘计算后发现,他赚到的钱与买进全部动物所花的钱正好相等。因此剩下的7只动物全部售出之后的钱就是他的利润。

**请问,剩下的7只动物中各有多少只小狗和小白兔?共值多少钱?**

## 58. 圣诞节买火鸡和鹅　　　　难易程度:★★★☆☆

对美国人而言,圣诞节是个重大的节日,在这个日子里,总会发生许多有趣的事情。

这是发生在圣诞节前夕的故事。欧弗拉太太和史密斯太太在家禽市场偶遇,欧弗拉太太说她以每磅24美分的价格买了一些火鸡,又用每磅18美分的价格买了一些鹅。史密斯太太告诉她,根据"食堂老板的秘诀",她比欧弗拉太太多得到2磅,且她只需要说:"为了过圣诞,将这些钱一半买火鸡,一半买鹅。"

**请问,她们各买了多少火鸡和鹅?**

## 59. 马车游行的人数　　　　难易程度:★★★☆☆

每年7月,小镇都会举行盛大的马车游行活动。主办单位在正式游行前都会详细规划及分工,但往往事与愿违,尽管经过详细的规划,每年还是会出现各种问题,整个活动从开始到结束都状况连连。

今年,盛大的马车游行活动又开始了,大家怀着兴奋的心情出发。在刚出发约10分钟时,非常不幸有10辆马车在路上抛锚,导致其他马车必须分载部分的人员,才能确保所有的人都不掉队。回程时,又有15辆马车抛锚了,造成回程的马车搭载的人数比早晨出发时多了3人。

**你知道有多少人参加这次的马车游行活动吗?**

## 60. 以物易物日　　　　难易程度:★★★☆☆

得克萨斯州的市集上,每周都有一天以物易物日。

牲畜区有3个年轻人正在讨价还价。他们像早期的人类一样进行着交易买卖。

Chapter 1
数字运算游戏
Chapter 2
平面图形分析
Chapter 3
立体空间推理
Chapter 4
纯粹逻辑推理
答 案

劳伯对强森说:"我想用 6 头猪换你的 1 匹马,这样你的牲畜总数将会是我的 2 倍。"乔治对劳伯说:"我想用 14 头羊换你的 1 匹马,这样你的牲畜总数将会是我的 3 倍。"强森对乔治说:"我想用 4 头牛换你的 1 匹马,这样你的牲畜总数将会是我的 6 倍。"

**请问,他们 3 个人共有多少牲畜?**

## 61. 欢乐的旋转木马

难易程度:★★☆☆☆

"小机灵"汉纳从小就非常喜欢玩旋转木马,那是她童年时期的重要回忆之一,承载着许多欢声笑语。

当汉纳长大之后,有一天,她去重拾欢乐的旋转木马的回忆,坐在急速旋转的木马上,她突然灵机一动,想出一道谜题:"坐在木马上的孩子 1/3 在我前面,2/3 在我后面,请问,有多少人在这'欢乐的转圈圈'木马上?"

别看问题简单,要得出正确答案,还真要费点脑筋呢!

**你知道有多少人在旋转木马上吗?**

## 62. 啤酒斗酒会

难易程度:★★★☆

在一次德国海德堡红军和蓝军的啤酒斗酒会上,大家都相互怂恿着畅饮啤酒,以证明自己的身体强壮。因为德国年轻人认为大家聚在一起喝点小酒很愉快,只要常常把酒言欢,感情就会更好。所以每个人都很在意自己的酒量,甚至希望别人能觉得自己的酒量很好。

在斗酒会上,出席酒会的人不到 24 人,他们都先向其他人敬了 1 杯酒。最后所有红军喝掉的啤酒杯数比蓝军多 108 杯。

**请问,红军和蓝军共喝掉了多少杯啤酒?**

## 63. 玩扑克牌

难易程度:★★★☆

汉克和吉姆玩扑克牌时,预先说明玩到最后再结算。玩了几回合后,汉克的钱翻了 1 倍,而吉姆把剩下的钱全部押在最后一局上,并赢了这一局,最后他手里有 36 美元,而汉克有 42 美元。

**请问,他们如果想要拿回各自的本钱,应该怎么办?**

## 64. 箭术女射手

　　射箭最初是用来狩猎，后来应用到军事上，发展至今，已演变为体育运动项目——射箭运动。射箭运动对男性来说是比较容易的活动，但对女性来说就比较困难。通常女性因先天气力不足，想要取得好成绩，往往需要付出更多的努力才行。

　　在一次射箭比赛上，有位年轻女射手的箭术非常厉害，一点也不输给男人。这位女射手共射了6次，拿下100分，最后赢得了这场比赛。

　　你知道这位厉害的女射手是如何得分的吗？

## 65. 汤姆的生意经

　　汤姆发现，做生意不是件简单的事情，除了要有天赋外，运气也非常重要。

　　汤姆花了26美元买下1匹野马，养了一段时日后，以60美元的价格将这匹马卖掉。原先汤姆觉得这是一笔赚钱的生意，后来发现竟然赔了原价的一半和饲养费的1/4。这让汤姆十分懊恼，并决定以后再也不做马匹买卖生意了。

　　**你知道汤姆在这笔生意上共赔了多少钱吗？**

## 66. 守财奴的财产

　　守财奴哈鲁搜集了一些5美元、10美元和20美元的金币，分别存放在5个相同的袋子里，每个袋子存放的5美元、10美元和20美元的金币数目相同。哈鲁非常爱惜这些金币，舍不得随便花掉。即使饿得没有力气，也不肯用这些钱来吃一顿饭。

守财奴哈鲁有时会把玩他的金币。通常他会将金币分成 4 堆，使相同面值的金币在各堆中的数目完全相等，然后随意选出两堆，再将这两堆金币混在一起，重新分成一模一样的 3 堆，并且各堆中相同面值的金币数目完全相等。通过这种方法，他能知道是否丢失了金币。如果要根据上面的条件来算出哈鲁拥有金币的准确数量并非难事。

**请问，在这个可怜的守财奴哈鲁饿死之前，他到底有多少钱？**

## 67. 修道院的财宝箱　　　　　　　　　难易程度：★★★★☆

在 15 世纪的西班牙有个关于修道院的传说：根据某个圣木笃会修道院的规矩，化缘修士每周都要上缴 1 个硬币，代表每周化缘所得钱财的 1/10，将其投进修道院的"财宝箱"里。硬币的面额无关紧要，不过当听到"十一税"，就知道当年的"十一"代表着每周、每年收到的钱财。

在每个周六，化缘修士们会将硬币投进财宝箱。根据修道院的规定，只有一年中最后一天是周六，才会计算这些硬币的数量。在进行计算这些钱财时，都要正确地数 3 次，每次都要确实记录，然后再将箱子交由修道院委派的护卫保管。

假设木笃会修道院成立于一年的第一天，恰好是周日。每个周六修士们将硬币投入财宝箱，而一年的最后一天是周六。然后硬币会均分为 4 堆，或 5 堆，或 6 堆，每一堆都完全一样。

**请问，修道院共有多少硬币？ 他们是从什么时候开始上缴硬币呢？**

## 68. 钓鱼伙伴　　　　　　　　　　　　难易程度：★★★★☆

有 5 个男孩分别是 A、B、C、D、E，结伴去钓鱼，且就"战利品"的分配也达成协议。协议解决了实际分配鱼的问题，但是这份协议看上去有点复杂。因为每个男孩的"战利品"都和其他男孩的计算在一起。

假设 A 和 B 钓了 14 条鱼，B 和 C 钓了 20 条鱼，C 和 D 钓了 18 条鱼，D 和 E 钓了 12 条鱼，而 A 和 E 钓到的鱼数目相等。

C 钓的鱼和 B、D 放在一起，那么每个人分得 1/3。每个人都是如此，将其钓到的鱼与另外两个伙伴加起来，然后再把总数分成 3 等分，这样分配之后，5 个男孩得到鱼的数量相等。

**请问，每个男孩各钓到多少条鱼？**

## 69. 香蕉谜题

艾尔沙太太的孙女妮妮想吃香蕉，于是两人一起去集市买香蕉。

香蕉摊老板杜克一见到很有数学天赋的艾尔沙太太，就想用香蕉出个谜题来考考她。于是杜克问："艾尔沙太太，假如我以每 3 先令 1 挂的价格买几挂黄香蕉，又用 4 先令 1 挂的价格买相同数量的红香蕉。若我将这些钱平分成 2 份，分别买黄香蕉和红香蕉，我能买到的数量会多出 2 挂。你知道我共用了多少钱买香蕉吗？为什么？"

这个谜题当然没能难倒聪明的艾尔沙太太。

**聪明的你是否也能算出答案呢？**

## 70. 赵大叔的表链

赵大叔身上总是带着一条奇怪的表链，表链的风格类似少数民族的装饰物。这条特殊的表链是由 4 枚硬币和 1 只老鹰的图腾所组成。硬币分别打上 5 个、4 个、3 个和 2 个洞，这些将其串在一起的小链环位置不尽相同，因此可以形成多种不同式样的表链。

这一条包含 4 个硬币连着手表和老鹰图腾的表链，只要见过的人都会对通过排列就可以变成很多样式的表链感到新奇，并对于它到底能变成多少样式不同的表链感到好奇，进行热烈的讨论。

赵大叔说，这种设计曾被美国爱国者协会采用。他们根据会员入会的地区类别来区分各会员的表链形式，这样每位会员的表链形式都会不一样，会员也可以按照配戴的形式来识别彼此。

**请问，根据这样的条件，可以变化多少样式不同的表链？**

## 71. 鸡蛋生鸡

愤怒的父亲对儿子咆哮道："大学毕业快半年了，也不见你出去工作，这样下去，你这辈子要靠什么生活？"

儿子回答："老爸，会有办法的，我已经把一切都计划好了。你听我说，等到来年春天时,我准备利用平时积攒下来的零用钱去买一些鸡蛋,这样到了秋天,就能孵出很多的小鸡,然后再将多出来的公鸡卖掉,保持公鸡和母鸡的比例不变,那时候应该可以拿回本钱了。第二年,还能再卖一批,这样就能赚到日常生活开支。到了第三年,就可以拥有 6 468 只鸡了! 等这些小鸡全部处理完,我就可以拥有3000美元的存款了。"

儿子又拿出纸笔认真地进行计算,此时严厉的父亲终于放松,露出笑容,频频点头。

如果孵出的每窝小鸡都有 12 只,其中公鸡母鸡数量各占一半,且在孵出小鸡时,应卖出多余的公鸡,以保持母鸡和公鸡10∶2 的比例。

**请问,要达到预期的目的,儿子必须在第一年的春天买入多少只小鸡?**

## 72. 打弹珠游戏　　　　　　　　难易程度:★★★☆☆

飞飞和扬扬都很喜欢玩打弹珠的游戏。一天下午,两人又开始玩了。游戏开始时,他们的弹珠数目相等。在第一回合,飞飞赢了 20 颗弹珠,但是到了最后却输掉了手中弹珠的 2/3。结果扬扬的弹珠数目是飞飞的 4 倍。

**请问,游戏开始时,飞飞和扬扬手里各有多少颗弹珠?**

## 73. 股东问题　　　　　　　　　难易程度:★★★☆☆

投资回报率是许多股东及老板都很关注的问题。在这个经济迅速发展的年代,有些大股东虽然已经有相当丰厚的收益,但是他们并不满足,希望能有更多的回报。

查尔斯在最近召开的一次股东大会上表示:"各位先生、女士早安,根据本公司运营的实际利润计算,我们需要支付的股息占全部股份的 6%,但其中有 4 万美元的优先股必须要付 7.5% 的股息,所以对普通股只能支付 5% 的股息。"

**根据上面的限制条件,你可以算出普通股的价值吗?**

## 74. 黑斯廷斯战役　　　　　　　　难易程度:★★★☆☆

有关黑斯廷斯战役的防御故事,要从 1066 年 10 月 14 日的那场战争说起。

哈罗德的军队和往常一样工整列队,形成 13 个正方形方阵,每个方阵中的人数相同,等待那些妄图侵入他们城堡的诺曼人送上门来,哈罗德的军队只需挥动一下撒克逊战斧,就足以击碎对方的长矛,刺穿敌方的铠甲。当哈罗德置身于战斗之中,撒克逊人组成的正方形方阵变得无比强大,他们充满士气地喊着作战口号,以这样坚实的阵形出击。

来自亨廷顿的亨利说:"撒克逊人的方阵坚如城堡,诺曼人无法攻入。"经过一个世纪,罗伯特·沃斯证实了当时军队确实如此排列,这就为计算出实际作战人数提供了可能。

如果哈罗德的军队分成 13 个正方形,当哈罗德自己加入方阵时,13 个方阵就变成 1 个大方阵。

**请问,当时战场上共有多少人?**

## 75. 买鸡和饲料

难易程度:★★★☆☆

农夫麦可和妻子针对一个现实的问题讨论解决办法时,他说:"凯玲,如果按我的建议,将 75 只鸡卖掉,那我们的饲料库存还可以维持 20 天;如果按照你的建议,再买 100 只鸡,15 天之后我们的饲料就会用完了。"

**请问,他们共养了多少只鸡?**

## 76. 混合茶谜题

难易程度:★★★☆☆

中国人很善于计算,尤其是做生意的商人,更是擅长将不同价钱的同类商品混合一起贩卖。

一家香港茶行的老板出售一种很畅销的混合茶,这种茶是由 2 种茶叶混合而成,其中一种茶的成本每磅 500 元,另一种茶每磅 300 元。老板研制了 40 磅这种混合茶,以每磅 600 元的价格出售,结果获得 33.1% 的利润。

**请问,他在这种混合茶中使用多少每磅 500 元的茶叶?**

## 77. 荒唐的啃老族

难易程度:★★★☆☆

有时遇到一些啃老族,总是会让人无可奈何。

萨姆问哈里是否愿意到工厂工作,哈里回问道:"我为什么要工作?"

萨姆说:"赚钱生活啊!"

哈里说:"干嘛赚钱?我现在靠父母养,日子也过得去。"

Chapter 1
数字运算游戏

Chapter 2
平面图形分析

Chapter 3
立体空间推理

Chapter 4
纯粹逻辑推理

答案

萨姆说:"可以把钱存起来啊!"

哈里说:"我存钱干什么?"

萨姆说:"等你老了之后,就可以不用工作了。"

哈里说:"但是既然我现在就能休息,何必努力工作,然后等到老了才休息呢?"

萨姆无力劝服哈里,不过萨姆让哈里先试工 30 天,每天工资 16 先令。但是规定,如果发现哈里旷工,则会没收 20 先令。到了月底,哈里没有拿到一分钱,这点更加让哈里确信劳动是愚蠢的。

**请问,哈里共上了几天班?**

## 78. 买卖西瓜　　　　　　　　难易程度:★★★☆☆

卖西瓜的吉姆提到他做买卖时遇到的问题:当我碰到第 1 位顾客时,我卖给这位顾客所有西瓜的一半又半个,第 2 位顾客买了剩下西瓜的 1/3 又 1/3,第 3 位顾客买了剩下西瓜的 1/4 又 1/4,第 4 位顾客买了剩下西瓜的 1/5 又 1/5。已出售的西瓜都是以 1 美元 12 个的价格出售,然后我准备以 1 美元 13 个的价格将剩下的西瓜抛售。

**请问,吉姆最后总共能卖得多少钱?**

## 79. 分期付款买房　　　　　　难易程度:★★★☆☆

新婚的肯伯特夫妇想买房子,但是手上没有足够的现金,加上夫妇俩对数字、抵押和利息全无概念,所以他们准备用最简单的方式来分期付款。他们预计头期款付 1 000 美元,接下来的 5 年,每年年末支付 1 000 美元,这里面包括房产的本金和利息 5%。肯伯特夫妇就这样买下了生平第 1 栋房子。

**请问,肯伯特夫妇购买这栋房子花了多少钱?**

## 80. 地主和佃农　　　　　　　难易程度:★★★☆☆

农村的年轻人大多到外地工作,留下年纪大的老年人留守家园。但老年人大多做不动粗活,又不想让土地荒废,于是想把土地租给愿意耕种的人,租金条件则双方约定好即可。农夫琼斯将自己的一块土地租给邻居克兰西耕种,彼此约定用

2/5 的产量当做租金。依照这个约定，克兰西能够得到价值 50 美元的大麦，比同样数量的小麦价值高 18.75 美元。按照他们的算法，130 蒲式耳大麦比 80 蒲式耳小麦的价值高 8 美元。

由于克兰西愿意用小麦抵付租金，琼斯先生想知道他应该收取多少小麦当作租金。

**你能帮琼斯计算出来吗?**

# 81. 计算赔率　　　　　难易程度:★★★★☆

许多被赛马的赔率弄糊涂的人，大多没有真正懂得概率论。为了说明赛马的赔率，下面有两个简单的问题:

问题一:如果在游戏规则中对河马的赔率是 1 赔 2，对犀牛的赔率是 2 赔 3，那么对长颈鹿的赔率是多少? 假设这一切都是公平公正的。

问题二:如果在 2 英里的赛跑中，长颈鹿能超过犀牛 1/8 英里，犀牛能超过河马 1/4 英里，那长颈鹿能超过河马多少距离?

**你知道答案吗?**

# 82. 分杯子蛋糕　　　　　难易程度:★★★★☆

张奶奶是个慈祥和蔼的老人，她经常准备糖果点心分给邻居的孩子们吃。她一直将邻居的孩子当成是自己的孙子一样，因此当她看着孩子们高高兴兴的样子，心情也会愉悦起来。

这天，有 8 个孩子聚集在张奶奶家，她将 32 个杯子蛋糕分给孩子们。妙丽 1 个、翠翠 2 个、小不点 3 个、如薏 4 个。结果安安的杯子蛋糕和他妹妹的一样多，小凯的是他妹妹的 2 倍，瑞瑞的是他妹妹的 3 倍，轩轩的是他妹妹的 4 倍。

**请问，妙丽、翠翠、小不点和如薏分别是谁的妹妹?**

# 83. 拔河比赛　　　　　难易程度:★★☆☆☆

一个晴朗的午后，在大学运动会赛场上正进行一场有趣的拔河比赛。

4 名壮男正好与 5 名胖妞旗鼓相当，1 名壮男加上 2 名胖妞与 1 对苗条的双胞胎势均力敌。

Chapter 1
数字运算游戏

Chapter 2
平面图形分析

Chapter 3
立体空间推理

Chapter 4
纯粹逻辑推理

答 案

请问，1 对苗条的双胞胎和 3 名胖妞对上 1 名胖妞和 4 名壮男时，哪一边会赢？

# 84. 分西瓜　　　　　　　　　　难易程度:★★★☆☆

比尔和琼斯用 48 美分购买 1 个西瓜，比尔出 30 美分，琼斯出 18 美分。他们将按照出钱的比例来分西瓜。

他们知道等一下麦克会从此处经过，所以计划将 1/3 的西瓜以 48 美分的价格卖给麦克。当麦克走后，他们两便平分剩下的西瓜。

**请问，比尔和琼斯该如何分配钱？**

# 85. 掷骰子游戏　　　　　　　　难易程度:★★★☆☆

骰子游戏可说是千变万化，传说现代的掷骰子游戏源自于古老的印度游戏，这个游戏有一个规则：

游戏中有 3 个骰子，一群人轮流掷骰子，如果谁掷出的点数之和为 7 和 11，那他将成为赢家。

**请问，掷骰子得出 7 或 11 的机率是多少？**

## 86. 分配股份

在市区有家名叫菲力 & 威利的老字号商店，菲力拥有的资本是威利的 1.5 倍。但由于遇上经济风暴，他们决定接受亨利入股。亨利投资 2 500 美元成为新的合伙人。之后，菲力与威利两人按照原先出资的比例分配这笔投资金，分配完后，3 人的股份正好相同。

**请问，菲力与威利会如何分配这 2 500 美元？ 最后 3 人可分得多少投资金额？**

## 87. 奖励拾金不昧的孩子

3 名小男孩捡到 1 个鼓鼓的钱包，诚实的男孩们很快找到失主，并将钱包归还。失主是位和蔼的老奶奶，当时正在街道上行走，她能准确说出钱包里有哪些东西，孩子们便把钱包还给她。

老奶奶为了奖励拾金不昧的孩子们，立刻打开钱包拿出零钱，有 6 枚硬币，共 58 美分，想分给他们，但无法均分，于是老奶奶将 1 枚硬币给了最大的男孩，剩下的均分给另外 2 名男孩，并建议他们用全部的钱去买气球玩，这样能分得更平均。

**你知道老奶奶给最大的孩子多少钱吗？**

## 88. 美惠女神与谬斯女神

美惠女神与缪斯女神互送礼物的故事，可能和金字塔的历史一样久远。故事是这样记载的：

3 位美惠女神在奥林匹亚山仙家庭园的林荫中散步，采摘的花朵香气扑鼻，五彩缤纷，粉红、白、蓝，还有大红等等。她们邂逅了 9 位缪斯，后者拿着甜美的金苹果。女神们赠送了玫瑰花，缪斯们也以金苹果回赠。结果她们手中的东西完全一样。

假如女神们拿到的花果数目一样，那她们每人拿到的数量是多少？

假设每位美惠女神手中都持有 4 种不同颜色(粉红、白、大红、蓝)的玫瑰花，她们遇到 9 位拿着金苹果的缪斯女神。每位美惠女神都送一些玫瑰花给每位缪斯女神，而后者又回赠一些金苹果。互换礼品后，所有女神每人手中拿着同样数目的金苹果和同样数量的红、白、蓝、粉红的玫瑰花。不仅如此,每人手中金苹果的数量也正好等于手中玫瑰花的数量。

**请问,满足这些条件的金苹果与玫瑰花数量各是多少?**

## 89. 夫妻投资买别墅　　　　难易程度:★★★☆☆

威廉和妻子乔丝打算在郊外购置小别墅。威廉说:"如果你的钱给我 3/4,再加上我的钱,我们可以购买 1 栋价值 5 000 美元的房子,而你剩下的钱还可以购买屋后的小树林和小溪。"

"不,绝对不行!"乔丝回答说:"如果把你的钱拿出 2/3 给我,再加上我自己的钱,我们就可以买下那栋房子,而你手头剩下的钱,还可以买下那片小树林和涓流不止的小溪。"

**请问,威廉和妻子乔丝各有多少钱? 小树林和小溪各值多少钱?**

## 90. 夫妇进城购物　　　　难易程度:★★★☆☆

史密斯先生和太太前几天开车进城去购物。史密斯先生花 15 美元买 1 套西装和 1 顶帽子。史密斯太太买 1 顶帽子,用去的钱和史密斯先生买衣服的钱一样多,最后用剩下的钱买了 1 条裙子。

在回家的路上,史密斯先生一直抱怨太太的帽子太贵了,跟他 1 套西装一样贵。史密斯太太则发现先生的帽子比她的裙子贵了 1 美元。她认为如果他们分配一下买帽子的钱,使她帽子价格是丈夫帽子的 1.5 倍,那么他们两人就花了一样多的钱。史密斯先生不解地问:"这样的话,我的帽子应该是花多少钱啊?"

**你知道史密斯先生和太太共花了多少钱吗?**

## 91. 富翁的遗嘱　　　　难易程度:★★★★☆

1783 年,富翁山姆·史考特在圣马利亚医院去世,这位富翁将他生平走私贩奴交易所赚的不义之财都留给他的 9 位继承人,他们分别是:儿子、儿媳妇与孙子;女儿、女婿与外孙;前妻所生的儿子和他的老婆、孩子。共 3 个家庭 9 个人。

富翁在遗嘱中规定,每位丈夫分得的钱要多于他的妻子,而每位妻子到手的钱都要比自己的孩子多,且每位丈夫与妻子所得的钱数之差等于每位妻子与其孩子分得的钱数之差。

所有的钱全部都是面值 1 美元的钞票,每位继承人都拿到一个纸袋,其中装着一些密封的信封,而每个信封里的钱数等于这纸袋里的信封数。遗嘱里还写着:"莫莉与琳娜拿到的钱正好等于乔治与杜克拿到的钱,而布朗、杜克与莫莉所拿到的钱数总和要比劳伯多出 299 美元。为了照顾贫困的杜克一家,他们拿到的钱比强森一家多出 1/3。"

根据富翁山姆的遗嘱,不难猜出每位继承人的家人以及所拿到的钱数。

**聪明的你能猜出来吗?**

## 92. 女儿的成长基金　　　难易程度:★★★☆☆

比尔为他的 3 个女儿预存了一笔成长基金,每个女儿每年可依各自的年龄比例分配这笔基金。第 1 年,大女儿伊丽莎白得到所有基金的一半。第 6 年,苏珊得到的基金比第 1 年得到的少了 1 美元,伊丽莎白得到的比第 1 年少 1/7,珍妮得到的基金是第一年的 2 倍。

**请计算比尔为女儿们预存的这笔基金是多少?**

## 93. 好心的莎莉　　　难易程度:★★★☆☆

好心的莎莉在路上遇到一位乞讨者,她将口袋里一半的钱加上 1 美分给了他。但是莎莉并不知道,这位乞讨者是美国基督教组织中某协会的成员,他一边道谢,一边在莎莉的衣服上面画一个他们组织的标记,意思是"一个好人"。

这样一来,好心的莎莉在路上遇到了很多来向她乞讨的人。好心的莎莉将钱包里一半又 2 美分给了第 2 位乞讨者,遇见第 3 位乞讨者时,莎莉将剩下的一半又 3 美分给了他,最后莎莉发现自己只剩下 1 美分了。

**你知道莎莉的口袋里原来有多少钱吗?**

## 94. 萨拉阿姨的花生　　　难易程度:★★★☆☆

萨拉阿姨和义工们带着育幼院的孩子们到动物园玩,她拿出一大包花生让孩子们喂给动物吃。她给最大的男孩 1 颗花生,然后把剩下的 1/4 也给了他。给第 2 个小女孩 1 颗花生,再把剩下的 1/4 给了她。最后用同样的方法给了第 3 个男孩和第 4 个女孩花生。结果发现,2 个男孩得到的花生比 2 个女孩多了 100 颗。

**请问,萨拉阿姨最后留多少颗花生给自己?**

## 95. 怪异的老太太　难易程度：★★★☆☆

杰克的商店来了位怪异的老太太,老太太的购物方式非常奇特,杰克在做完这笔生意后,已算不清账目了。

一开始,老太太买了几条鞋带、鞋带 4 倍数的别针、鞋带 8 倍数的手绢。已知每件商品所花的美分数刚好等于她买进这件商品的件数。老太太共花了 3.24 美元,杰克却搞不清楚老太太要买多少条手绢。

**你能帮杰克算出老太太究竟要买多少条手绢吗?**

## 96. 婆罗门之塔　难易程度：★★★☆☆

有个古老的传说,在贝拿勒斯有座雄伟的巨塔,名为汉诺塔,在塔的圆顶之下据说是世界的中心。该处放着个铜盘,上面有 3 根钻石针,每根针都粗如蜜蜂的身体。在这 3 根针上放着 64 个纯金的圆盘,最大的圆盘放在铜盘上,其它则彼此叠放,且一个比一个小,这就是所谓的婆罗门之塔。根据婆罗门亘古不变的律令,信徒要将圆盘从 1 根钻石针上转到另 1 根钻石针上,且每次只能移动 1 个圆盘,小的圆盘只能放在大的圆盘之上。如此,当所有 64 个圆盘都转移到另 1 根钻石针上,灵塔、庙宇及婆罗门等都会猝然倒塌,夷为平地,在一声惊雷巨响之后,世界将从此湮灭。

假设每个人每次移 1 个圆盘,需要搬 2 的 54 次方次,即 18446774073709551615。这个数字即使每个信徒都不犯任何错误,每秒钟移动 1 个圆盘,也需要上亿年才能完成。所以假设将圆盘的数目变成 13,且圆盘是叠在一起的,其它两个地方可以用来堆放圆盘,但小的圆盘必须放在大的圆盘上。

**请问,要完成 13 个圆盘的转移需要多少次变动?**

## 97. 奶牛买卖生意　难易程度：★★★☆☆

随着时代进步,现今的农夫越来越有商业头脑,他们不再只单纯地从事农业生产,已学会更多经营技巧,从中获得更多的收益。

最近牛奶的价格不断上升,莫德想借此机会把家中畜养已久的奶牛卖掉。在找好买主后,他以 210 美元卖出 2 头奶牛。他在其中一头奶牛身上赚了 10%,而在另一头奶牛身上却亏损了 10%。总体来说,他还是赚了 5%。

**你知道这 2 头奶牛的进价各是多少吗?**

## 98. 草地网球赛 难易程度:★★★☆☆

一年一度的草地网球锦标赛开始了,按照惯例,先进行选手淘汰赛,最后获胜的选手再与上一届的冠军争夺本届冠军。

今年共有 16 名选手参赛,必须连续赢 5 场比赛,才能获胜,赢得与上届冠军一决高下的机会。

**假设每名选手的实力都相当,请问,每个人夺得冠军的机率是多少?**

## 99. 用家禽换牲口 难易程度:★★★☆☆

在经济落后的年代,人们靠以物易物进行买卖,每种物品都有其进行交换的数量规定,人们按照规定交换自己所需的物品。

一日,农夫和妻子一起去赶集,他们想用家禽换一些牲口。根据交换规则,85只小鸡可换到 1 匹马和 1 头奶牛,5 匹马的价格等于 12 头奶牛的价格。

妻子对丈夫说:“丹尼尔,我们把选中的马加 1 倍带回来,这个冬天我们就有 17 头牲口了。”农夫说:“可是我觉得奶牛更能赚钱,假如把选中的奶牛再加 1 倍,我们就有 19 头牲口了,且我们已有的鸡正好足够交换。”

**请问,他们共有多少只鸡?能买多少匹马、多少头奶牛?**

## 100. 酒商给的折扣 难易程度:★★★☆☆

马莎夫人的管家乔治从酒商那里买进一批酒,因为马莎夫人是老主顾,所以酒商为她打了 95 折。

乔治要求必须得到账单总额的 5% 做为回扣,否则拒绝收货。酒商灵机一动,迅速解决了这个问题。酒商的利润本来只有 5%,他提高账单上的价格,各让 5% 给马莎夫人和管家。如果管家不索要回扣的话,账单本来是 882 法郎。

**酒商是如何通过提高订单总价,使每个人都得到 5% 的利润?**

## 101. 吉普赛女郎 难易程度:★★☆☆☆

吉普赛是一个很特别的种族,拥有神秘的占卜文化,或许这也是他们保护自己的一种方式。

吉普赛女郎莎拉靠着这种神秘的文化勉强维持着朝不保夕的生活。莎拉每占卜1次,收费25美分。但只有急着想知道自己运程的人才会上门,所以她的生意并不是很好。

每当有人问她收入如何时,莎拉总抱怨占卜业每况愈下:"上上周,我赚到的钱不足3美元;上周是上上周的1/3;这周赚到的是上周的1/2不到。"

**请问,莎拉总共赚到多少钱?**

# 102. 速记员的薪水
难易程度:★★★☆☆

前几天,老板约翰心情不错,他对速记员说:"珍妮弗,你表现得不错,工作一直战战兢兢,从不随便休假,我决定将你的年薪每年提高100美元。从今天算起,明年你就能领到年薪600美元的工资,工资每周结算一次。后年就是700美元,再下一年为800美元,以此类推。总之,每年增加100美元。"

感激涕零的珍妮弗说道:"老板,我心脏不好,所以我希望工资变化不要这么快。刚才您说,从今天算起,每年多给我100美元。您能否在6个月之后将100美元改成增加25美元,以后您对我的工作满意,就固定给我涨25美元。"老板想了想,随后会心一笑,爽快地接受珍妮弗的提议。他对这位忠诚的员工颇感满意。

**请你帮老板算一下,接受珍妮弗的提议是否为聪明之举?**

# 103. 海蛇的双眼
难易程度:★★☆☆☆

海蛇的数量近几年来出奇多,在海滨胜地,人们还看到许多新种类。南塔吉特岛上的船长们讲述以前的奇异故事,还是像过去一样令人毛骨悚然。

之后,相机的出现唤醒了记忆的头脑,人们开始把海蛇捕捞的过程记录下来。老水手们夸张的故事和专业人员貌似可靠的航海日记,如果没有一组照片来左证,很难被大家认可。

有位经验丰富的船长声称:当他们停泊在柯尼埃蓝沿海时,被一群海蛇所包围,这些海蛇中有许多是瞎子。

他回忆道:"有3条看不见右边,3条看不见左边,3条能看见右边,3条能看见左边,3条左右两边都能看见,3条两只眼睛都瞎了。"就这样,这些话被正式写进航海日记,且船长严肃地发誓说:"我看到18条海蛇。"

当时正好有组摄影迷遇到这群怪物,并用相机拍下这群怪物的样子。他们根据洗出来的照片在某种程度上否定船长的说法,并将海蛇的数量减少到最低限度。

**你能判断出到底有多少条海蛇吗?**

## 104. 布朗的年龄　　　　　　　　　　难易程度:★★★☆☆

布朗先生任职于人寿保险公司,是位保险精算师。他整天埋头计算各类保险的期限与理赔金额。有一天,他下班回家,闲来无事,就出了道题目给太太。布朗太太的算术不是很好,经常受到先生的嘲笑。

布朗先生原以为他提出的问题会引起太太的兴趣,结果正好相反,布朗太太显然对解题缺乏兴趣。为了解除尴尬,布朗先生夸口说,如果布朗太太能够出一道与年龄或日期相关的问题来难倒他,那他到明年这个时候将不再出题考她。有趣的是,这天正好是2月29日,布朗先生原本设定的期限是一整年,但2月29日并不是每年都有,布朗先生不得不遵从他的字面承诺——直到下一个2月29日到来的这段时间。

布朗太太出的题目使布朗先生立刻缄默不语。题目是这样的:假设我们第1次见面时,你的年纪是我年纪的3倍。现在我的年纪正好是你当年的年纪。将来的某一天,当我的年纪是我如今年纪的3倍时,我们2人的年纪加起来正好是100岁。那么下一个2月29日来临的时候,你的年纪是几岁?

**你能算出下一个闰年时,布朗先生的年纪吗?**

## 105. 神射手打靶　　　　　　　　　　难易程度:★★★☆☆

米修斯观看美国队和法国队的手枪射击冠亚军之战,觉得非常精采。最后美国队以4 889环比4 821环取得胜利,美国队的表现再次证明他们在这个项目上的实力。

比赛过程中,有位射击选手6发子弹打了96环,当他仔细查看靶子时竟发现,他的6发子弹只打出了3个弹孔;也就是说,有3发子弹从前面已经打出的弹孔中穿了过去。靶子上标示出了1~50环的标线。

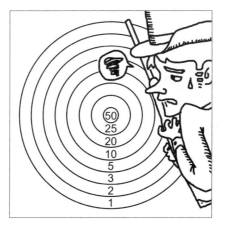

请问,这位射击选手射出的 **96** 环是由哪些环数构成的?

# 106. 计算分期付款          难易程度:★★★☆☆

安娜是位节俭的家庭主妇,一天,她购买价值 75 美元的厨具来收纳家中的餐盘。因为采取的是分期付款的方式,她想知道需要分期多久、支付多少利息。分期付款条件如下:首付 5 美元,之后每个月支付 5 美元,直到全部付清为止。假设她采取现金支付的方式,则可以节省 10 美元。

**你能帮安娜算出她需要分期付款多久、支付多少利息吗?**

# 107. 少了 7 便士          难易程度:★★★☆☆

玛莉和海伦在市集卖水梨,玛莉因临时有事要先离开,于是请海伦帮她卖水梨。2 人的水梨数目一样多,但是海伦的水梨较大,2 个卖 1 便士,玛莉的水梨较小,3 个卖 1 便士。接受玛莉的请托后,海伦希望能公平些,便将 2 人的水梨混合在一起,以 5 个卖 2 便士。

玛莉回来时,水梨已全卖完了,她们决定平均分配所得,一人一半,但是在分钱时却少了 7 便士,让海伦很不愉快。

**请问,海伦损失多少钱?为什么?她们各有多个水梨?**

# 108. 奥莉薇雅的项链          难易程度:★★★☆☆

奥莉薇雅到一家知名的珠宝店购买项链,她想要的款式店里正好没有,但是她又不想再到别的店找,于是她买了 12 条链子,想将它们串成 1 条 100 个环的长项链。珠宝商告诉她,每打开 1 个小环并再次接好需要 15 美分,每打开 1 个大环并再次接好需要 20 美分。

**请问,奥莉薇雅最少需花多少钱才能接好这条长项链?**

## 109. 伊丽莎白的年纪 难易程度:★★☆☆☆

瑞尼每 1.5 年就生 1 个孩子,现在已经有了 15 个孩子。

在孩子中,伊丽莎白的年纪最大,虽然她不愿意说出自己的年龄,不过她承认自己的年纪比比尔的年纪多 7 倍,而比尔是 15 个孩子中最小的。

**你能算出伊丽莎白的年纪吗?**

## 110. 简单的思路 难易程度:★★★☆☆

一天,苏珊的儿子汤姆问她:"如果 5 乘以 6 得 33,那么 20 的一半是多少?"苏珊被汤姆的问题搞糊涂了,她想了想,还是不知道该如何回答。

这个假设的前提明显是错误的,但是如果按照汤姆的思路是可以算出答案的。

**你知道如何算出答案吗?**

## 111. 老姑娘的年纪 难易程度:★★★☆☆

每年在人口普查期间,对普查人员而言是非常辛苦的,因为许多女士大多不愿直接说出自己的年纪。

一天,人口普查员辛普森问一位老姑娘的年纪。她说:"我的年龄,加上我的年龄的 1/2,再加上我的年龄的 1/3,再加上 3 乘以 3,正好是 3 个 20 岁又 10 岁。"老姑娘坚持认为她这样回答是合理的。

辛普森经过一番推算,很快就知道老姑娘的年龄。之后,辛普森发现用 3 个 20 岁又 10 岁减去他自己的年龄,也能算出这位老姑娘的年龄。这个发现,让辛普森非常兴奋。

**请问,辛普森和老姑娘的年纪分别是几岁?**

## 112. 小男孩的年龄 难易程度:★★★☆☆

一位数学老师想让几名年纪稍长的学生参加他新开办的补习班,于是承诺无论男生还是女生,任何一方只要加起来的年纪是最大的,就能每天获得一份奖品。

第1天仅有一男一女2名学生。因为男生的年纪是女生年纪的2倍,所以奖品给了男生。

第2天,女生带来她的姐姐,结果姐妹的年纪正好是男生的2倍,所以两姐妹平分奖品。

接下来的一天,男孩带来他的哥哥。结果两兄弟加起来的岁数正好是两姐妹的2倍,所以两兄弟"搜刮"那天的奖品。

第4天,2个女生又带来她们的姐姐。结果三姐妹的年纪又是男生的2倍,她们赢得了奖品。

随着"比拼"的继续,这个补习班终于招生满额了。

**假设最后一名加入补习班的女生年龄是 21 岁,请问,第 1 名男孩的年纪多大?**

## 𝟏𝟏𝟑. 农夫的链条 　　难易程度:★★★☆☆

农夫哈里逊有6条链子,每条都由5个小环组成。哈里逊想将这6条链子连接成1条由30个圆环组成的环形链条。

已知工人切开1个小环需要8美分,而重新焊接1个小环需要18美分,但花1.5美元就可以买到1条新的环形链条。

如果哈里逊采用最节省的方案,那么与买1条新链条相比,他怎样连接才能省下最多的钱? 可以省下多少钱?

**请帮哈里逊算一算。**

## 𝟏𝟏𝟒. 老板的年龄 　　难易程度:★★★☆☆

安德鲁由于非常敬仰老板的风度和成就,想通过与之交谈获得一些经验,又担心自己已经过了创业的最好时期,于是安德鲁还想通过交流得到老板实际年龄的信息,从而推算老板的事业初创期。

聪明的老板很快就看出安德鲁的用意,他没有直接告诉安德鲁答案。但是他说:"我生命的1/6岁月是在乡下度过的,那时候,我还是一个小男孩。1/12的岁月我在纽约做红酒生意,1/7的岁月从政、结婚,5年后,我儿子汉克出生。他在4年前当选议员,当时他的年龄是我年龄的一半。"

**请问,老板现在的年龄是几岁?**

## 115. 布鲁斯几岁

难易程度:★★★☆☆

布鲁斯和父亲回老家为奶奶过寿,购票时,售票员问布鲁斯的年龄:

"这男孩几岁了?"

父亲误以为售票员对他的家庭成员感兴趣,顿时情绪高涨,得意地回答:

"我儿子的年纪是我女儿年纪的 5 倍,我老婆的岁数是我儿子岁数的 5 倍,我的年龄是我老婆年龄的 2 倍,把我们所有人的年龄加在一起,正好是我母亲的年龄,今天正是给她庆祝 81 岁大寿的日子。"

**请问,布鲁斯几岁了?**

## 116. 玫瑰几岁

难易程度:★★★☆☆

爷爷的朋友来家里玩,爷爷指着 2 个漂亮的孙女介绍:"大的是玫瑰,小的是茉莉。"玫瑰和茉莉向客人打过招呼后便出去玩了。朋友问:"2 个孙女都几岁啦?"

爷爷说:"记不清楚了,不过,2 人的年龄加在一起是 44 岁。玫瑰的年龄是茉莉过去某一时间年龄的 2 倍,那时候玫瑰的年龄是茉莉将来某个时间年龄的一半。到了将来某个时间,茉莉的年龄将是玫瑰过去当她的年龄是茉莉年龄 3 倍时年龄的 3 倍。"

**请问,大孙女玫瑰现在几岁了?**

## 117. 可爱的贝蒂夫人

难易程度:★★☆☆☆

贝蒂夫人是位活泼可爱的女士,每天笑呵呵,面对任何人都和颜悦色,唯独对自己的年龄非常敏感,如果有人问起她的年龄,她总是要让提问者动一番脑筋才能得到答案。

在 40 年前,如果有人问她年龄,她会用打油诗来回答:"5 乘以 7 乘以 3,再加上我的年龄,再减去 6 乘以 9 加 4,等于我年龄的 2 倍减去 20。"

**你能算出贝蒂夫人现在的年龄吗?**

## 118. 妈妈的年龄

难易程度:★★☆☆☆

罗伯一家三口围坐在餐桌旁,爸爸想用 3 人一起玩的游戏来活跃家庭气氛。他对太太说:"一家三口年龄之和为 70 岁。爸爸的年龄为儿子的 6 倍。当 3 人的年龄

Chapter 1
数字运算游戏

Chapter 2
平面图形分析

Chapter 3
立体空间推理

Chapter 4
纯粹逻辑推理

答案

达到 70 岁的 2 倍时,爸爸的年龄将是儿子年龄的 2 倍。请问,妈妈现在是几岁?"

**你知道妈妈的年龄吗?**

## 119. 原来如此

难易程度:★★☆☆☆

算命先生很有自信地说,只要你按照他说的步骤计算,最后把答案告诉他,他便知道你的年龄和出生月份。其实,这个原理并不难。

要想准确猜出一个人的年龄,下面两种方法屡试不爽。

其一:先将你的出生月份乘以 2,再加 5,乘以 50,加你的年龄,减 365,再加 115。

例如:泰瑞莎出生在 11 月现年 13 岁。先写下出生的月份(11),乘以 2,再加 5,将所得的数乘以 50,再加上她的年龄,减去 365,再加 115,得出一个数字。泰瑞莎的得数是 1 113,故知:她的年龄是 13 岁(得数的后两位数是年龄),出生在 11 月(得数的前两位数是出生月份)。这个公式对 100 岁以内的年龄都适用。在计算 10 岁以下的年龄时,年龄中的十位数数字以"0"显示就可以了。

其二:网络曾经疯传只要将自己的手机尾数,经一连串的加、减、乘之后,就可以算出自己的实际年龄,让许多网友惊呼超准。

内容是这样的:将手机号码的最后 1 位数字乘以 2,再加 5,然后乘以 50,得数加 1 764,再减去计算者的出生年份,最后会得出 3 位数字,其中百位数数字就是手机尾数,十位数和个位数数字就是计算者的年龄。

**你能说出其中的缘由吗?**

## 120. 龙虾的成本

难易程度:★★★☆☆

议会场上,正在进行一场针对原物料主要价格征税的辩论,一位来自东部某州的代表质疑如何计算龙虾的主要成本。因为龙虾是东北部重要的商贸产品,所以这句话后来成为对贸易保护者进行讥讽的流行语。

其中有位来自东部的龙虾代理商逼问议员关于龙虾的价格时,议员只能回答:"龙虾的价格是变动不居的,不过当捕捞者捕获到价值 32 先令的龙虾,他们可以得到 6 只龙虾的收入。"说罢,即见场内有些议员开始计算,有些议员则面露难色。

**你能算出龙虾的主要成本吗?**

## 121. 中间人买卖

骆驼的毛经常用来生产披肩和昂贵的小挂毯,这些骆驼毛通常由人们收集起来,再通过某个中间人卖给商人,大宗或小宗买卖都可通过此方式进行。为了公平起见,中间人从来不为自己购买货物。一旦有人表示想通过他收购骆驼毛,他就能找到愿意出售骆驼毛的货主。对于双方,他均收取 2% 的交易额做为佣金;也就是说,在整个交易过程中,他可赚取 4% 的佣金。还有其他的获利方式,尤其当买卖双方经验不足时,中间人会通过在磅秤上动手脚来得到额外的收益。

比如在收取货物时,中间人把货物放在秤的短臂上,这样货物的实际重量要比秤砣重 1 盎司;在出售货物时,便反其道而行,将货物放在秤的长臂上,这样货物的实际重量比秤砣轻 1 盎司。通过这种方式,可让中间人多获得 25 美元的收入。

但是对专业账务人员来说,又显得在考验他们的智慧与脑力了。

**你能准确计算出购买这批货物要花多少钱吗?**

## 122. 马戏团的动物

达西去观看马戏团的表演,个性谨慎的他,在花 25 美分买票之前,他想确定马戏团的表演是否值得他付出这样的价钱。所以他向售票员打听马、骑手和动物的数量。

售票员感到难为情,因为贴在外面的海报光鲜亮丽,实际上帐篷内的有趣玩意儿少得可怜,而帐篷内圆形表演场上的马儿、骑手和小丑数目分别是多少,从帐篷外是看不清楚的。所以售票员假装对那些新鲜玩意儿的准确数目并不清楚,但是他告诉达西,有马儿、英姿飒爽的骑手等,加起来共有 100 条腿,36 个头,还有一批来自非洲丛林的珍稀动物,总共加起来有 56 个头和 156 条腿。

**你知道马戏团里有几位表演者吗? 珍稀动物共有几条腿?**

# 123. 格兰特将军的"小屠夫"

**难易程度：★★☆☆☆**

在一次拍卖会上，有人用高价买下一幅格兰特将军的亲笔签名，因为他对格兰特将军的数学天赋钦佩不已。

关于这位伟人的运算天赋，当年西点军校的数学教授安格奈尔曾说："格兰特天生就和数学与马有着不解之缘。"格兰特确实爱马，他甚至能一眼就能判断出马的优劣。

格兰特将军在他最后一届总统任期内，一天下午驾车出门回来后，半开玩笑半认真地告诉韦拉德饭店的沙德威克上校，他的马车在路上被一个屠夫的马车超过了，他的马似乎都惊得止步不前。他想知道那匹马是谁的，卖不卖。

马很快就被找到并买了下来。马的主人是位忠厚老实的德国人，如果知道买主是美国总统，非得要上双倍的价钱不可。

马是浅色的，正是格兰特最爱的那种，格兰特将军给马取名为"小屠夫"。几年之后，华尔街金融危机严重削弱了格兰特家族的财力，"小屠夫"和它的伙伴们被送进了约翰逊·里德骡马市场的拍卖行，共卖出 493.68 美元。里德先生遗憾地表示，如果能说出马的主人是谁，就可以多卖出 1 倍的价钱，但是格兰特将军没有允许他这样做。里德对格兰特将军说："你在小屠夫身上赚了 12％，在另一匹马上亏了 10％，算起来你还是赚了 2％。"

如果格兰特在一匹马上亏了 10％而在另一匹马上赚了 12％，加起来总共赚了 2％，那么每一匹马买进和卖出的价格分别是多少？

**你能算出答案吗？**

# CHAPTER 2

# 平面图形分析

Go →

## 1. 宫廷小丑的命题

难易程度：★★★★☆

古希腊数学家和哲学家欧几里得曾向托勒密国王讲解圆的分割问题，但是这位秉性粗暴的独裁者打断了他，对着他吼道："我讨厌这些枯燥的课程，我不想费心去记那些没用的规则！"听到这些话后，欧几里得说："那么就请陛下允许我辞去国王教师的职务，因为只有愚蠢的人才会以为学习数学有捷径可走。"

这时，宫廷小丑比波突然插话："说得没错，欧几里得！"他挤到黑板前说："我很荣幸能接手这个职务。接下来，我要证明高深的数学原理也是可以用婴儿们都能理解和记忆的方法来讲解。"

（1）"若陛下恩准，现在我就开始讲解圆的分割问题。为此，我想请教宫廷传令官汤米·里德尔斯，用1把小刀沿着直线切七刀，最多可以把1块德式薄饼分成几块？"比波说。

（2）"另外，我想再给悬挂在我们头上的达摩克利斯之剑的故事再点缀一点教义，以让人们永生不忘。这是个既科学又实际的问题，这把利剑为什么要做成弯曲的形状？"

（3）"我还很高兴来提一下那个'笨人难过的桥'的问题，也就是我们敬仰的老前辈欧几里得先生著名的第47号命题；证明了'斜边的平方等于两个直角边的平方之和'。我想请教第47号命题的作者，要围成一个某直角边为47根横杆那么长的直角三角形，总共需要多少根同样长度的横杆呢？"

**聪明的你算出正确答案了吗？**

## 2. 安妮的把戏

难易程度：★★★☆☆

安妮会玩一种很漂亮的把戏，其巧妙程度可与贝蒂·罗斯（美国第1位星条国旗设计者）1剪刀剪成1个五角星之巧妙媲美。

当父亲随口问安妮对瑞士海军的旗帜有没有好玩的建议时，她捡起1块红色墙纸的剩料（右手中的纸），并熟练地将它剪成2片，这2片拼起来刚好形成一个有着白色十字的瑞士国旗的图案，就像她左手拿着的那样。

**你知道安妮是如何裁剪的吗？如果要把这个国旗剪开，拼成1个正方形，要怎么做？**

## 3. 纸片印度花

印度花是力量、吉祥、平安和光明的象征，尤其受到僧人的追捧。

有位僧人将种子搁在帽子里，很快，帽子里就长出了1朵美丽的花。

这朵美丽的印度花如果用7张纸片，可以拼成1个十字架。

**你知道该如何拼吗？**

## 4. 厨师切大饼

梅莉太太是街角快捷酒店的房东，住宿在里面的房客都可以享用每日的早餐，而这里的早餐千篇一律是大饼。房客瑞利抗议梅莉太太家的厨师把饼分成太多块了，让他吃不饱。于是梅莉太太对厨师说："饼只能用直线切6刀。"

实际上，饼被分成大小不同的块数已经是长期的惯例，通常梅莉太太会把带馅的较厚部分优先分给按时交房费的房客，而其他人只能享用那些剩下的边边角角。

厨师在梅莉太太的指示下分饼，并把中间带馅的部分给了年轻的医生，因为他对梅莉太太生病的女儿照顾得无微不至。剩下的，再根据房客在梅莉太太心目中的重要程度来分配。

原则是用刀子以直线切6刀，每2刀都相交，且每2条线的交点不能重合。

**请问，厨师最多能把这张大饼切成多少块？**

## 5. 太极图

美国北太平洋铁路公司成立时注册太极图为正式标志。这个标志在公司的货车、债券、股票，以及列车时刻表上皆可见到。

太极是指宇宙最原始的秩序状态，出现于阴阳未分的混沌时期(无极)之后，而后形成万物(宇宙)的本源。太极也是中国思想史上的重要概念，主要继承自《周易》："无极生太极，太极生两仪，两仪生四象，四象生八卦。"

以下是与太极图有关的题目：

(1)用1条连续的曲线分割太极图中的黑、白两部分(即阴、阳部分)，使得整个圆被分隔成大小形状一模一样的4等分。

(2)请将下面的马蹄铁平均划分成2块，使得到的图案能拼成1个太极图。

**你能回答这2个问题吗？**

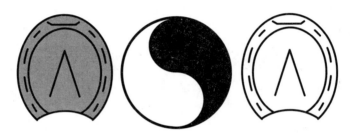

## 6. 无言的艾利克

凯文正要向他的朋友说明一道精巧的几何分割趣题，却被艾利克非常无理地打断了。艾利克认为这只是古老的僧帽趣题，于是他出了道题目，要求找方法把1张纸分成形状和大小完全相同的4块。

艾利克正嚷着要向在场的人讲解这道趣题。此时，凯文对大家说出了自己的题目："我的这道题目是要把图中这张纸分成最少的块数，再拼成1个正方形。不过我自己忘记了答案，但是这里有位朋友愿意来讲解，艾利克请吧！"

这道趣题可不像看上去那么容易，艾利克瞬间哑口无言。当然有无数的方式能够把这张纸分成许多块来达到目的，但是要以最少的块数来完成这件事，就没那么容易了。

**你能帮艾利克解决这个难题吗？**

## 7. 切海绵蛋糕

难易程度：★★★★☆

每逢假日，凯希会和妈妈一起做蛋糕，享受烘焙的乐趣。为了吃得健康，他们决定做一个不加奶油的海绵蛋糕。

当烤箱里的蛋糕香气飘出来的时候，在户外草地打球的爸爸和哥哥也回到了家。

凯希为了不让哥哥轻易就吃到蛋糕，于是出了道题目请哥哥来解答，答对了才可以吃蛋糕。

凯希看着海绵蛋糕用手指比画着问："只能像这样，用直线把蛋糕切 6 刀，最多能得到多少块？"

**凯希的哥哥应该如何解答呢？**

## 8. 拼接爱心被单

难易程度：★★★☆☆

"有你真好"社团目前有 11 位成员，他们决定用拼被单的方式来表达爱心。每位成员要捐献 1 块至少含有 1 个方形图案的棉布片，每块棉布片也都是正方形。将这些棉布片拼凑在一起，且每片都得用上，如果谁的棉布片没有用到，那么他就将退出社团，因此需要仔细想想，如何才能把所有大小不一的棉布片拼凑起来组成一个 13×13 的大被单。这个社团的成员人数最终将取决于大被单中方形图案的数量。

**如何将被单分成 11 块正方形呢？（要求每个小正方形至少含有 1 个格子。）**

## 9. 复活节与十字架

难易程度：★★★☆☆

复活节是纪念耶稣基督复活的日子，在西方教会传统里，春分第 1 次满月后的第 1 个星期日即为复活节。根据《圣经·新约全书》记载，耶稣被钉死在十字架上，第 3 天身体复活，复活节因此得名。

以下是关于十字架的趣题：

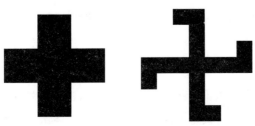

（1）将左图中的希腊十字架剪成 3 部分，然后拼成 1 个长是宽的 2 倍的长方形。相反地，再把 1 个长方形剪开，拼凑成 1 个希腊十字架。

（2）将右边的十字图剪成 4 部分，然后拼成 1 个正方形。

**你知道该如何解题吗？**

## 10. 拼接正方形

难易程度：★★★☆☆

一位在船上工作的木匠需要堵住 1 个正方形的洞，他把 1 块 9×16 的木板锯成 2 块，再拼成 1 个正方形。目前我们知道，任何长宽比例的长方形都可通过以下的方式拼成 1 个正方形：从底部开始把矩形划分成几个方格，顶边空出 1 格，这样宽就比高长一些，沿着粗线再将 2 块木板锯开后，2 片木板恰好能够拼接。

所以要解决木匠的问题时，必须将底边分割成小方格，长比高多 1 个方格，然后向上移动 1 格，这样就能够拼成 1 个完美的正方形。

**你知道木匠是如何拼的吗？**

## 11. 不规则四边形

难易程度：★★★☆☆

用一个不规则四边形可以分别拼出正方形、十字架、平行四边形、菱形、长方形及三角形等多种几何图形。不规则四边形指的是四边都不相等的四边形。如果用右图的分法把四边形分成 5 部分，就可以构思出下列精采的趣题：

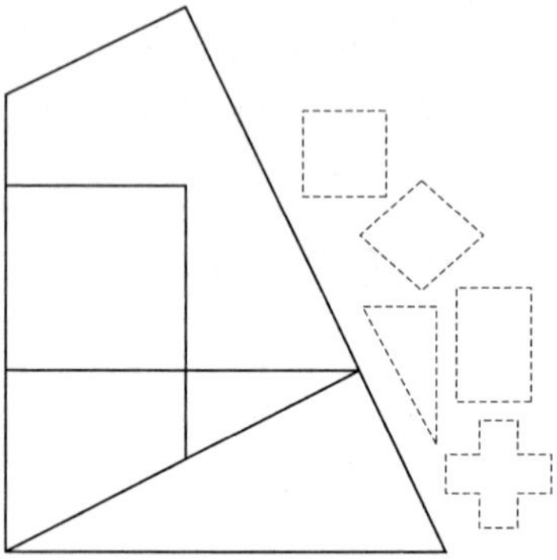

（1）利用这 5 个图形拼出 1 个正方形。

（2）利用这 5 个图形拼出 1 个十字架。

（3）利用这 5 个图形拼出 1 个平行四边形。

（4）利用这 5 个图形拼出 1 个长方形。

（5）利用这 5 个图形拼出 1 个三角形。

**你能运用几何图形的概念，解开这 5 道趣题吗？**

## 12. 夫人的垫子

难易程度：★★★☆☆

一天，著名哲学家毕达哥拉斯的夫人问他："如图，把这块由 2 个正方形组成的垫子裁剪成 1 个正方形垫子，要怎么裁剪才合适呢？"毕达哥拉斯说："由于以直角三角

Chapter 1
数字运算游戏

Chapter 2
平面图形分析

Chapter 3
立体空间推理

Chapter 4
纯粹逻辑推理

答 案

形斜边为边长的正方形面积正好等于分别以 2 条直角边为边长的 2 个正方形的面积之和。因此我知道你想得到的正方形垫子的面积必须等于 2 个正方形垫子的面积之和。所以,正方形的边长必须和直角三角形的斜边相等。"

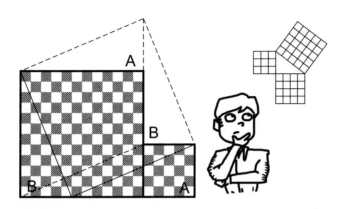

有关这个定理的原理请参看上图右边的小图。小图中间是一个直角三角形,高为 3,左边的正方形面积为 9;下边的正方形边长为 4,面积为 16;斜边为 5,所对应的正方形的面积为 25,与前 2 个正方形的面积之和相等。

**如果要把上图中 2 个正方形拼成 1 个更大的正方形,应该怎么做?**

## 13. 维多利亚十字勋章　　　　　难易程度:★★★★☆

维多利亚十字勋章是英国最高级别军事勋章,1856 年维都利亚女王应艾伯特亲王之请而设置。以维多利亚女王的名字为其命名,奖励给对敌作战中最英勇的人,是勇敢者和英雄的象征和标志。

维多利亚十字勋章外形为马耳他十字造型,而这个十字可以用 1 个正方形分成几块拼凑而成。

将这道题目倒过来,便形成一道连接各种古代标志和符号的命题,包括正方形、三角形、十字架、单轴及新月形等。

问题是如何将 1 张正方形的纸分成最少块数,然后拼成如图中骑士胸前的标志那样的不规则形状?

**你知道如何拼成吗?**

## 14. 月牙和希腊十字架

月牙是指形状如钩的月亮。从古至今，人们对于月亮有着与生俱来的崇拜。

以下是道关于如何将月牙形转换成希腊十字架的趣题。

将月牙切割开，然后拼接成1个希腊十字架。希腊十字架的形状请参见右图女神头顶上的十字架，要求以最少的切数来完成。

**你能动手试一试，准确完成这个谜题吗？**

## 15. 摔碎8块的象棋盘

有一天，法国皇太子和勃艮第公爵一起下象棋，皇太子眼看就要被对方将军了，于是他气急败坏地把棋盘砸向公爵的脑袋，结果棋盘碎成8块。

下面是道关于象棋盘的趣题：如何将8块碎片拼接成1个完整的8×8格的棋盘。

题目很简单，只需要掌握和遵守一个原则，就是任意2块碎片都不能形状相同。

在纸上画一个8×8格的棋盘，然后将其裁成如图中琐碎的8块。

**请你试试看，你能正确裁剪并拼接出来吗？**

## 16. 马赛克组合

右页图中是圭多罗马头像马赛克组合。这些头像原来是分成2块，先后被发现。1671年，人们将2组头像拼在一起，恢复成原来的样子。关于拼接的可能性和拼法的正确性，社会上掀起相当广泛的讨论。有人意外发现，2个正方形都有好几块头像，合起来则可拼成5×5块共25个头像的正方形。

如果把这块拼接图还原成前面描述的2个正方形，会是如何呢？

这道题目和毕达哥拉斯的斜切法原理不完全相同,因为按照斜线切割理论,两个正方形可以划分后再拼凑成 1 个大正方形,反之亦然。但在这道题目中,必须沿直线切割,不能损坏头像。

**你能掌握毕达哥拉斯的平方根定理,算出 2 个较小的正方形中应有多少个头像吗?**

## 17. 毕达哥拉斯的发现　　　　难易程度:★★★☆☆

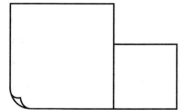

2400 年前,毕达哥拉斯发现,如果利用 1 个直角三角形的 3 条边画 3 个正方形,则最大的正方形恰好等于 2 个较小的正方形的面积之和。他对于自己的这项发现感到非常兴奋。

如果拿 1 张像图中所示的 2 个正方形大小的纸,把纸裁成 3 块,那要如何才能再拼接成 1 个正方形?

**请拿起纸和剪刀裁剪后,再看看如何才能再拼接成 1 个正方形吧!**

## 18. 画格子游戏　　　　难易程度:★★★★☆

这个小游戏的玩法很像东方著名的"五子棋"(五个棋子连成一条直线)。

女孩 A 在黑板上写下由左至右,由上至下的 4 排,共 16 个英文字母,然后画 1 条短横线连接 A 和 B,再把黑板传给同伴女孩 B,女孩 B 画了 1 条竖线连接 E 和 A。如果女孩 A 连接 E 和 F,女孩 B 会连接 B 和 F,这样就形成 1 个格子,那么女孩 B 就可以再玩 1 次。但是她们都非常擅长这个游戏,尽管来回玩了 6 次,2 人却都没有画出 1 个完整的格子。

假设有一方画线连接 D 和 H,另一方随后会连接 H 和 L,那么无论先玩的一方怎样画线,后玩的一方都可一口气画完 9 个格子。现在游戏已经进行到 AB、BC、CD、AE、EI、IM、FG、FJ、KL、JN、NO 及 OP 都已连接的关键阶段,女孩 A 必须尽快做出判断,因为如果她画线连接 MN,则她的对手女孩 B 可在这个回合完成 4 个格子,并获得资格再玩 1 次,但如果她连接 HL 后,便可以快速赢得这场游戏。

**你认为接下来该怎么玩,以及能赢多少格子?**

## 19. 军事策略　　　　　难易程度:★★★★☆

这是个有趣的军事策略问题,但是放在普通的 64 方格棋盘上解决会非常有利。

将 16 个人放在棋盘上,保证任何方向都不会有 2 个以上的人呈 1 条直线,首先把 2 位军官安排在场地最中间(棋盘中央 4 个方格中的 2 格内),之后只需把其他人安排好,保证任意 3 个人不在同一条直线上即可。当 16 个人都安排好之后,从任意方向发射炮弹,最多只会打中 2 个人。

这个问题是:先将 2 位军官放在中间,然后安排 14 个人的所有组合变化,让同 1 个位置不会出现 2 次。

**聪明的你能正确解题吗?**

## 20. 小丑与箱子　　　　　难易程度:★★★★☆

小丑杰克正在表演,他必须用剪刀将一个盒子剪开,再将其拼凑成 1 个正方形。盒子的外部形状为 1 个剪掉 2 个角的矩形,也就是 1 个不规则的六边形。

接着,小丑杰克还要将之剪成 2 部分,再拼凑成 1 个正方形。

**你知道小丑杰克该如何剪吗?**

## 21. 驾驭马车　　　　　难易程度:★★★☆☆

汉森的儿子马克正驾驶着一辆小马拉的马车飞奔而过,突然来了个急转弯,使得马车差点翻倒,汉森看到吓了一跳。回到家后,父子两人为这辆马车的转弯安全

问题展开一场激烈的争辩。之后,他们做了一个驾驶马车做圆周运动而不致翻车的试验,他们发现:

当马车的 2 个车轮在车轴上保持 5 英尺的法定距离,且在外围运动的车轮转 2 圈,在内圈运动的车轮就会转 1 圈。此时,汉森和马克想要算出马车外侧轮子留下印迹的圆周长是多少。

**你能帮他们算出来吗?**

## 22. 拼接正方形

难易程度:★★★☆☆

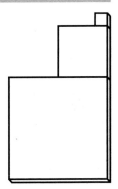

木匠罗宾有块上好的板材,如右图所示,这块板材的面积是 81 个最小的方块面积之和。也就是说,如果最小的方块代表 1 平方厘米,比之大些的方块将是 16 平方厘米,再大的就是 64 平方厘米,最后总和是 81 平方厘米。罗宾想为他的窗户制作外形为正方形的 9 厘米×9 厘米的活动窗,但是没有多余的木料,所以必须好好利用这块板材。罗宾需要将板材切割成最小数目的小块,让小块合在一起能够正好拼成 1 个正方形。

**你能够和罗宾一样拼成 1 个正方形吗?**

## 23. 新月奶酪

难易程度:★★★★☆

月光派对中,一位西点师正在思索如何用笔直的 6 刀把天上的新月亮分成最多块。

就在大家思考的过程中,月光派对的餐后甜点就是 1 块如同新月形状的奶酪。参加派对的宾客都很兴奋,也开心地享用由这位西点师所切出的奶酪。

**你知道透过笔直的 6 刀最多可以把新月奶酪分成多少块吗?**

## 24. 旗帜的变换

难易程度:★★★☆☆

这是张有趣的 11 世纪插图,讲述的是 11 世纪十字军东征时,基督教徒的军队在面对土耳其人时没有退缩。当十字军攻下土耳其的城堡之后,将伊斯兰教战士推下城墙,当着对手的面改换城墙上的旗号。

这个故事似乎说明有一种简单的方法,可以把穆罕默德的旗帜变成十字军的旗帜。出于这样的原因,在插图前景中放了位伊斯兰教徒士兵,他在保护著名的土耳其军旗免受骑士攻击,在这位骑士的盾牌上可以看到十字军的十字架。

如图所示,土耳其人的旗帜只是在1块黑布上剪出1个八角星和1个新月形的洞后,再缝上白布做成的。

试着画1张土耳其旗帜的示意图,把所有白色设计图样的部分单独剪下来,然后用最简便的方法,透过剪出最少的块数,把土耳其的旗帜图样变形成盾牌上所示的十字军的白色十字架标志。

**你能成功画出来吗?**

## 25. 复原环形蛇

难易程度:★★★★☆

环形蛇是种将尾巴衔在嘴里,盘旋成圆环的蛇。环形蛇在地面上爬行时,风驰电掣,但一时之间,竟互相吞噬,从此宣告消失。但人们并没有质疑蛇类相互吞噬的问题,而是怀疑自然界是否真的存在这样的环形蛇?

一位自然科学家踏遍千山万水,到处寻找环形蛇,最后他找到1条石化的环形蛇,正如描述中所说的那样头尾相衔。这个发现证明了环形蛇的存在,也为这位自然科学家带来巨大的成功和莫大的荣誉。他用锯子小心翼翼地将蛇化石切成10段,用棉花包裹带回家。但是当他尝试复原这10节蛇段时,却发现无论如何头尾都不能再相连,让他深受打击。

数学家们宣称,他们找到362 882种方法,可将蛇的各段拼接起来且头尾部相连。怀疑论者进一步声称,数学家的结论证实了自然界根本不可能存在这样的环形蛇。

这位自然科学家几乎绝望,于是向青年才俊们求助,希望他们能画出草图,将环形蛇复原。

**你知道如何复原吗?**

## 26. 缺角的木块　　　　　　　难易程度:★★★★☆

工匠吉米有块长方形的木板,长 1 米,宽 0.5 米,但是木板缺了一角,所缺部分的切痕与矩形的长成 15 度夹角。因此吉米想要将木板切割成最少块,最终将其拼装成 1 块正方形当桌面。

**请问,吉米应该如何切割木块并拼接成正方形呢?**

## 27. 红十字会少女　　　　　　　难易程度:★★★★☆

从前有个蓝衣少年在战争中负伤,幸运的是,有位忠诚体贴的红十字会少女对他施救,使其得以痊愈。出院前,少年想要少女臂上的红十字标志用做纪念。少女理解少年的心意,于是她取出一把剪刀,在几下娴熟的剪裁后,红十字标志就化成几片碎片,且这些碎片正好能天衣无缝地拼凑成 2 个相同形状的红十字标志。这样既能满足蓝衣少年的愿望,同时也能让自己不至于没有红十字的标志。

**你知道如何将 1 个等臂的十字在剪裁次数最少,并拼装成 2 个相同形状的十字吗?**

## 28. 切割马蹄铁　　　　　　　难易程度:★★★★☆

埃布尔想要用 2 刀将马蹄铁分成 7 块,且每块都只有 1 个钉孔,然后想办法将它们用彩带挂在 7 个小孩的脖子上做为护身符。

处事严谨的埃布尔,希望切口要笔直,不能有弯曲,这样切出来的马蹄铁才会漂亮。为了正确分割,埃布尔先用纸做了 1 个马蹄铁,然后第 1 刀将其分成 3 块,再将其重叠在一起,第 2 刀又将其分成 6 块,但却不能得到第 7 块。

**请你帮埃布尔想一想,应该如何切割才能分成 7 块呢?**

## 29. 中国的轿子

说起中国古老的交通方式,会想到坐在轿子中晃来晃去四处游走的情景。

这种轿子是竹子或木头制成,很容易让人想到中国的谜题箱。这种谜题箱是由色彩缤纷的编织材料所制成,由于编织精细,人们很难发现不同的部分是如何编结在一起的。这种轿子被编成1个半封闭的箱子,但即使仔细检查轿子,却不一定能发现这些不同部分的结合点。

如果将这个轿子分成尽可能少的部分,再将之拼合成1个正方形,这样轿夫看上去就像是在抬着1个封闭的箱子。

**你知道如何正确拼接成正方形的箱子吗?**

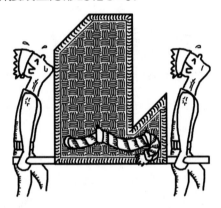

## 30. 狗头形状的姜饼

凯莉收到1块狗头姜饼的礼物。送礼的人告诉凯莉,她必须将这块狗头姜饼分成2等分,和弟弟一人一半,要不然就不能吃掉它。为了公平起见,凯莉思考着如何将这块狗头姜饼分成大小和形状相等的2块。最后她想出分割的方法,并愉快地和弟弟一起分享这块狗头姜饼。

**聪明的你知道凯莉是如何分切姜饼的吗?**

## 31. 新星的存在

有位法国天文学家宣称,他发现1颗新的一等星。他表示科学家一致认为没有新星存在这件事,是没有科学根据的。

Chapter 1
数字运算游戏

Chapter 2
平面图形分析

Chapter 3
立体空间推理

Chapter 4
纯粹逻辑推理

答 案

根据回文构词法，ASTRONOMORERS（天文学家）这个英文单词可以构成"no more stars"（没有新星）。使用这相同的 11 个字母，可以根据回文构词法构成另一个更加合适的词。

插图是位博学的天文学教授，正在向兄弟们讲述他的新发现。他已经画出 15 颗不同等级的星星位置，正在说明新发现的星星在天空中的位置。新星是这些星星中最大的一颗。

**你能画出这颗比其它任何一颗都大，且不会和其它星星相碰和相交的新星吗？**

## 32. 三角形旗帜

难易程度：★★★☆☆

1 只猴子、1 只鳄鱼、1 头大象可以换 1 顶帽子，这是古老以物易物的交易方式，即 1 只猴子、1 只鳄鱼，还有 1 头大象的价值相乘的得数是 1 顶帽子的价值。

现在有 1 面正三角形旗帜。如何将三角形的旗帜分为 4 块，然后拼成 1 个正方形？
**你知道正确拼接的方式吗？**

## 33. 大象杂技表演

难易程度：★★★☆☆

在很多杂技表演中，大象都担任着很重要的角色，因为它们性情温和，和观众的互动较多，有不少人有过和大象"亲密接触"的经验。但是这并不能排除大象的危险性，毕竟它们还是有兽性的。有时发起脾气，还是令人难以招架。

在一次杂技表演中就发生了突发状况，一只大象突然发起脾气，让在场的人都措手不及的。

如图所示:若是大象后腿上的链子断了,会发生什么事情呢? 这里有 2 种可能:第 1 种可能,大象压在男孩身上;第 2 种可能,大象捲起男孩。

**请你试着把图片剪成两半,再拼起来,看看最后得到的结果会是什么?**

## 34. 红十字袖章　　　　　　　　　　难易程度:★★★☆☆

有位红十字会小志愿者正在"山姆大叔"(美国的绰号)的救护队工作。这位聪明睿智的小志愿者是贝特西·罗斯的直系后代。贝特西·罗斯因为能够熟练地 1 刀剪出 1 颗五角星,而被人们永久铭记。

因为军队里制作护士佩带的红十字袖章的红色法兰绒严重短缺,所以小志愿者必须谨慎使用红色法兰绒来制作红十字袖章。

请你拿出 1 张正方形的纸,将其剪成 5 条,且不能浪费,让这 5 条剪下来的纸拼凑在一起,组成大小相等的 2 个希腊式十字架。

**你能顺利完成吗?**

## 35. 圆形的桌面　　　　　　　　　　难易程度:★★★★☆

巴顿有 1 块圆形木板,他想将其变成 2 个椭圆的桌面,且中间要有个洞。也就是说,要将圆形的木板分割成最少的块数,并将它们拼成 2 个椭圆。但因为没有椭圆形模板,木匠也无法帮巴顿。

后来木匠反向思考,他假设有 2 块椭圆形木板,将木板分割成最少的块数,而这些块数能够彼此拼合,形成 1 块圆形,就像桌面一样,且中间也没有洞。

因此按照之前巴顿的需求,用 1 块圆形的木板,将其分割成尽可能少的块数,彼此拼合,最后木匠完成了巴顿的心愿。

**请问木匠是怎么做到的?**

## 36. 拉斯克博士的棋盘　　　　难易程度：★★★☆☆

一位心灵手巧的小木匠艾德，在圣诞节收到 1 套木匠工具的礼物。他迫不及待地想一展身手，准备为拉斯克博士做 1 个精致的棋盘。拉斯克博士不仅是世界国际象棋冠军，还是伟大的数学家和谜题家。

艾德在做棋盘时想到 1 个问题：如果将 1 个国际象棋棋盘分成大小、形状不等的小块，最多可以分成多少块？如果沿着 1 条线将棋盘分成 8 个正方形，乃至 7 个、6 个、5 个、4 个、3 个、2 个、1 个，还可以锯成具有 2 个白正方形或 2 个黑正方形的弯曲块，最多共有 64 个正方形。艾德希望拉斯克博士能蒙上眼来挑战这个问题。

**请问，如果拉斯克博士愿意接受挑战，他会如何解题？**

## 37. 小丑表演拼纸板　　　　难易程度：★★☆☆☆

小丑爱德华为了吸引观众，在耍玩了 5 个三角形纸板之后，又接着把其中 1 块纸板变成两半，并将 6 块纸板放在盒子上（这些纸板是 5 个直角三角形，假设其高为 30 厘米，底边为 60 厘米）。爱德华对观众说，他能将这 6 块纸板拼成 1 个正方形。其实爱德华已经很熟悉这个把戏的规则，对他来说轻而易举，但是观众却感到很好奇。当然爱德华很快就拼出正方形，也赢得台下观众的一片掌声。

试着随意在 1 张纸上剪下这样 5 个类似的三角形，然后剪开其中 1 个，让这 6 块纸板拼成 1 个正方形。

**你能顺利完成吗？**

## 38. 母鸡下蛋　　　　难易程度：★★★☆☆

尼克教授培育出一种"无巢"母鸡，这些母鸡会自动将蛋下在盒子中，这样就可以省下包装和清点的功夫。每只母鸡都会数好自己下的鸡蛋，在同一方向（包括上下、左右，以及对角线上）的鸡蛋不超过 2 个。

此时，母鸡已经在盒子的 1 条对角线上的 2 头各下了 1 个蛋，所以不能再在这条对角线上下蛋了。那么在这个 6×6 的盒子中，最多可以放多少个鸡蛋？

**你知道答案吗？**

## 39. 莉塔的羊圈

非常喜欢动物的莉塔,在农场饲养一群牲畜。一日,有位追求者送了只小羔羊给她,这只小羔羊的毛如金子般熠熠生辉,莉塔非常喜欢。

莉塔本来就有2只宠物羔羊,她把它们关在分开的羊圈中,每个羊圈都用4根横杆围起来。现在她想让这只漂亮的小羔羊和其它2只宠物羔羊生活在一起,但是又不想它们生活在同一个羊圈里。于是她想用8根横杆围成3个彼此相连又彼此独立的羊圈(其中4根横杆每根的长度是另外4根每根长度的2倍)。

**你能制作出3个面积相等又彼此相连的正方形羊圈吗(提示:可以用纸袋来辅助思考)?**

## 40. 海军上将的趣题

瑞士海军上将邀请各路聪明人士来解答下面的难题:

其一,怎样用最少的步骤分隔瑞士国旗,要求块数要最少,最后能拼成1个正方形。这是才子们展露才智的好机会,虽然每个人都可以将国旗分成12块,甚至更多,且拼成正方形,但答案要求将国旗分成最少的块数。

其二,这位瑞士海军上将将这道题目献给瑞士海军:用瑞士军刀切5次,最多能将1块瑞士干酪分成多少块?

其三,海军上将最后出的谜题与棋盘分割有关。如何分割棋盘,使任2块面积都不相同,其中最小的那块只有1个方格,最大的那块有8个或12个方格。最多能把棋盘分成几块?

**你能正确回答这三道问题吗?**

## 41. 四橡树土地之争

四橡树镇的名字来自早期拓荒者的故事。故事如下:过去在这个地方有个人占有大片的土地,准备留给4个儿子。但是这个人订下规则:必须将这块地按照4棵古老橡树的位置分成相等的4块,这4棵橡树就做为永远的界标。

4个儿子无法将这块地分成4块,因为这4棵树根本就没能给他们任何提示。四兄弟各不相让,于是对簿公堂。财产全部在这著名的"四橡树之争"中浪费殆尽。

如果要将这块地分成形状、大小相等的 4 块,且每块地上都有 1 棵橡树。

**你会怎么做?**

## 42. 黑桃变红心

难易程度:★★★★☆

新奥尔良市的奥斯特国际象棋俱乐部,接待室的窗户有着奇特的红色黑桃图案。这种设计原本出自德雷斯顿,仿照天主教教堂窗花风格,由无数彩色玻璃拼成,以达到想要的风格。

关于图案的颜色为什么不协调,从来没有听人说过,也从来没有人提出过疑虑。大家都将其视为是一种错误,起初备受争议,后来慢慢被大家所接受,不仅因为其为"红色"黑桃的新颖性,更因为人们认识到黑色的黑桃会让房间看起来太暗。

听说这原来是制造者犯的错误,因为本来红心 A 才是俱乐部的标志。原来黑桃是由 3 块所构成,如果对这 3 块重新进行排列,可以形成原来的红心图形。

俱乐部的成员开始虽然不喜欢,后来渐渐习惯这种特殊的图案,以至不同意换掉它。

**你可以将黑桃分割成 3 块,然后再把它重新排列成 1 个完美的红心 A 吗?**

## 43. 古希腊符号

难易程度:★★★☆☆

从考古学家挖掘出来的一些古希腊非凡的遗迹的照片中发现,其中反复出现的"圆圈"和"三角形"让大家印象深刻。

例如:图中这种符号经常出现在雕刻的纪念碑上,有点像印章或者署名。这种符号是由实线画出的,每条线穿过 2 次。如果用 1 条连续不断的线画出图中的图形,仅要求使用实线画图且尽量少转弯,就变成一道可遇不可求的最佳谜题。

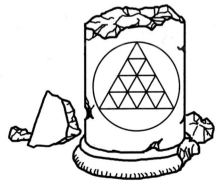

**请试着画画看,你能正确画出来吗?**

## 44. 分割十字架
难易程度:★★★★☆

图形分割的谜题,通常较能考验人们的发散思维、抽象思维和对图形的理解。

十字架图案是基督教的主要象征标志,普遍使用于天主教和新教组织。

如果要将 1 个正方形变成 1 个十字架,似乎很容易,但是要将十字架变成正方形,比较不容易,因为没有"角度"和"棱角"可以帮助你。

**你可以将正方形切割成 4 块,再将其拼成 1 块完美的十字架吗?**

## 45. 木制刑具
难易程度:★★★☆☆

图中所示的"枷",是一种套在犯人脖子和手臂上的木制刑具,是由 1 块正方形木板所制成,可分拆为 2 块。这可以用 1 个正方形制作成 1 个枷,也可以拆开 1 个枷,然后将其拼成 1 个正方形。

试着拿出 1 张正方形的纸,将其剪成两半(不能浪费),然后拼成 1 个正方形的枷,中间要留孔,用以锁住犯人的脖子和手腕。而组成枷的 2 部分可以重新拼回 1 个正方形,在准确的位置上制造出这 3 个孔,3 个孔都要重新合上。

**你能用耐性和技巧顺利解题吗?**

## 46. 女铁匠的链条
难易程度:★★★★☆

有位法国女铁匠收到 1 个盒子,里面装着 13 条铁链。她想要将它们修好,然后再装回这个小盒子里。问题不是要将这些铁链接起来或是焊起来,而是要弄清楚铁链装在盒子中应该是什么样子。试着拿出 13 条如图所示的铁链,看看应该如何放置,才能看起来好似修理过。必须亲手做过才能有思路,不要期望用看的就能知道怎么放喔!

**你知道答案了吗?**

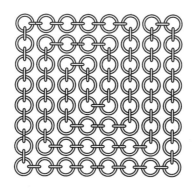

## 47. 裁剪被子

丈夫正与妻子商量,如何把缝好的正方形棉被裁剪成 2 条较小的正方形被子。由于被子是按照棋盘格子的模式做成的,所以裁剪只能沿着垂直线和横线来进行。最后妻子按照丈夫的意思裁剪,做成了 2 条较小的棉被。这让她对丈夫的智慧更加敬佩。

如何把棉被裁剪成块数最少,并可以缝制成 2 条较小的正方形棉被。

**你知道怎么裁剪吗?**

## 48. 格子姜饼

格子姜饼是由很多小正方形组成,每块小正方形姜饼卖 1 便士。

贩卖姜饼的店家告诉买家,只要能将姜饼沿着直线切成 2 块,然后拼成一个 8×8 的正方形,就能免费获得整块姜饼。很多小孩都想得到,但不是每个小孩都能那么幸运。

杰夫是个聪明的孩子,他靠自己的智慧得到 1 块很大块的格子姜饼(如图所示)。

**你知道聪明杰夫是怎样分割姜饼的吗?**

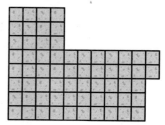

### 49. 小鸡变鸡蛋

这是只远离家乡的珍贵小鸡的独白："我飞出笼子想做的事情：在后院作威作福，搞得鸡飞狗跳！不和母鸡谈情说爱，要与人住在一起。要像父亲那样威风凛凛，啼鸣报晓。要像成年公鸡那样争勇好斗，趾高气昂。成为煽动家中的一员，去破坏和抵制孵化器。"

看来，这只小鸡可不是只省油的灯，似乎想要挑起动物世界的战争呢！

根据图片中的小鸡，要将这只鸡分成两半，然后拼成1颗鸡蛋。

**你知道怎么拼接吗？**

### 50. 邮差的困惑

邮差哈里负责63个邮筒的信件。他的前任同事习惯从邮筒P点出发前往每一个邮筒，然后再返回P点，走这条路线共需要转19次弯。但是聪明的哈里却没有按照前任的习惯走，他重新找了一条更便捷的路线，不需要转那么多次弯。哈里注意到：正方形的邮筒和其它邮筒不在同条直线上。

**你能从下图中标出一条从P点到每个邮筒，然后再回到起点的最短路线吗？**

## 51. 字母公寓

右图为某城市的公寓,每栋公寓都以一个英文字母表示。它们的分布为:Y栋在F栋的正下方,Q栋在B栋后面,N栋则在E栋和P栋之间。根据下列这些目击证人的说词,找出小偷的藏身处。

大一:我看见他从F楼后面那栋楼跑出来。

仲二:我看见他在大一所说的那栋楼下面数来第2栋的前面那栋里。

晓三:我看见他在仲二所说的那栋上面那栋的后面那栋里。

伟四:你们都错了,我看见他所在的楼是在晓三所说的那栋的下面那栋的前面的前面。

**请问小偷到底在哪栋楼?**

| R | T | Y | U | O |
|---|---|---|---|---|
| S | D | F | G | H |
| K | L | Z | X | C |
| B | Q | M | W | A |
| E | N | P | J | V |

## 52. 普利姆索尔标志

著名的议员,人称"水手之友"的萨缪尔·普利姆索尔先生,经过15年的争取,终于让英国政府同意,在每个插着英国国旗的船只上安装"普利姆索尔标志"(即吃水标)。这个标志安装在船只的最大吃水线上,如果一艘船只载货超过这根吃水线,就会处以重罚。

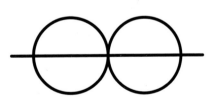

普利姆索尔先生在一次议会演讲中,证实有超过500人因为使用破旧船只出海而被逮捕和监禁。他说,销毁那些不适合继续服役的船只势在必行。他认为,发生事故除了破船之外,还有1 000艘船只因为超载而沉入海底,但如果使用普利姆索尔标志,就能有效防止因船只超载而导致下沉的问题。

普利姆索尔标志的组成包含2个部分。原本的设计如图所示。

**你能用最少的笔划,画出这个著名的标志吗?**

## 53. 唐吉轲德的风车

唐吉轲德因为"大战风车"的丰功伟绩,被人们所熟知。

一天,唐吉轲德想展示被他一招击败的"风车怪兽"模型。此时,他出了1道趣题,要求大家把风车分成9块,然后再将其拼成1个正方形。

**你知道这个风车模型拼成正方形的样子吗?**

## 54. 琼斯太太的零布头

难易程度:★★★☆☆

美国一个小镇上的基督教公会执事琼斯太太,从一家材料零售店买了1块油布,热心的店家看到店里还有很多零布头,于是额外赠送1块小三角形零布头给她。现在执事太太正在执事先生的帮助下,将这2块油布重新剪裁,再拼成1块较大的正方形布料。

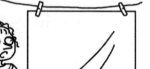

但要做成这件事,只有把图中的正方形剪成3块,再把三角形剪成2块才能办到。

**你知道具体如何操作吗?**

## 55. 寻找五角星

难易程度:★★☆☆☆

这是一道和天文学有关的题目,这里没有任何相关的提示和描述,只能靠思维和眼力来发现,也许转换一个角度,很快就能找到答案。

Chapter 1
数字运算游戏

Chapter 2
平面图形分析

Chapter 3
立体空间推理

Chapter 4
纯粹逻辑推理

答 案

请从图中找出 1 颗完美的五角星。

**你找到五角星了吗?**

## 56. 分割波斯地毯

难易程度:★★★☆☆

波斯地毯以植物、阿拉伯文字和几何图案进行构图,其染料是从天然植物和矿石中提取,染色经久不褪。

如何把图中两个人所持的波斯地毯分成形状、大小相同的 2 块,且不破坏每一小块图案?

**你知道如何分割吗?**

## 57. 拼成圆形

难易程度:★★★☆☆

艾姆贝里教授在一次无意的举动中,发现一个事实:如图所示的碎片可以拼凑成 1 个图形。

显然, 艾姆贝里教授费了很多精力才把这个圆拼好, 因为要拼好这个圆形并不像看起来那样容易。

**请一起动手, 看是否能很快地把这个圆形拼出来。**

## 58. 2个小木匠

2 个少年在阁楼上找到 1 个古老的工具箱, 他们想要将狗屋的门钉牢, 正在思考如何将废弃的正方形桌面切割成最少的块数, 然后拼在一起, 以封住狗舍那道敞开的门。

请问, 少年们要怎么切割正方形桌面?

## 59. 奔跑的大象

大象是群居性动物, 以家族为单位, 由雌象做首领, 每天活动的时间和行动的路线、觅食的地点, 以及栖息的场所等均听雌象指挥。在哺乳动物中, 最长寿的动物是大象, 据说它能活 60~70 年。大象是种很憨厚的动物, 脾气也很温顺, 不过一旦大象发怒, 后果则不堪设想。它们奔跑时, 会产生巨大的 "轰轰" 声。

图中的大象是处于静止的姿态, 要如何挪动切割好的部分, 才能让这只大象变成奔跑的样子?

**你能用剪刀裁剪后, 再拼接出来吗?**

## 60. 资优生埃玛

难易程度：★★★★☆

埃玛是一个聪慧的女孩，每门功课都非常优秀。

一天，埃玛碰到妮娜，她给妮娜演示1道有趣的题目。埃玛在墙上画了6个小圆圈，她说："我这样摆放这些圆圈，你只能看到2条穿过3个圆圈的直线，现在你拿起1个圆圈，然后把它放在另一个地方，使我们能看到4条穿过3个圆圈的直线。"也就是说，只要将1个圆圈移动位置就能把2条线变成4条线。

**你知道要如何移动吗？**

# CHAPTER 3

# 立体空间推理

Go →

## 1. 分割球体

难易程度：★★★☆☆

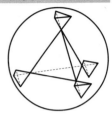

喜欢研究空间问题的钱宁正在思考一个问题：假设 1 个四面体的 4 个顶点都在球体内部(顶点不接触球体的边)。这个球体被沿着四面体 4 个面的平面分割成了几部分？是哪几部分？

**你能和钱宁一起思考这个问题吗？**

## 2. 端午立蛋

难易程度：★★☆☆☆

根据中国传统习俗，如果能在端午节当天正午时分将鸡蛋直立起来，表示这一年都会交好运。

立蛋的方法有很多种，也可以利用其他生活器具来辅助，快速立蛋成功。

迪克想要在不打破鸡蛋的前提下，将鸡蛋立起来。

**请问迪克可以怎么做？**

## 3. 磁铁与单摆

难易程度：★★★☆☆

图中是 1 个重达 1 吨的单摆，艾德只用一块带着绳子的小磁铁就能让单摆开始摆动。

**你知道艾德是怎么做到的吗？**

## 4. 中空的立方体

难易程度:★★★☆☆

安迪想象自己从 6 个不同的角度和方向看 1 个中空的立方体,这个立方体内的图案,不管从哪个角度看,都只能够看到图案的部分。而从 6 个不同的角度就会看出完整的图案。

安迪试着要将完整的图案画到下方 7×7 的格子里。

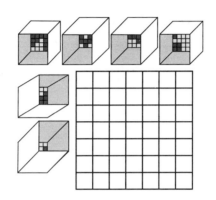

安迪应该要怎么画呢?

## 5. 分割的立方体

难易程度:★★★☆☆

凯文有个立方体盒子,他将这个立方体盒子的底分割成 6×6 的格子,格子有黑白两种颜色。凯文从 4 个不同的角度看这个立方体,他想要在空白的格子里画出完整的图案。

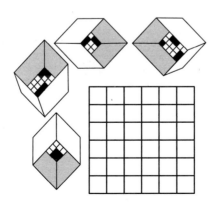

请问凯文怎么画才正确?

## 6. 搭积木

难易程度:★★☆☆☆

安德鲁喜欢玩搭积木,他在每块积木上搭放 2 块积木。且想要依这样的结构搭高一点。

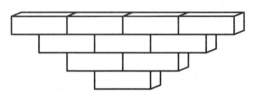

请问,安德鲁可以搭到多高而不会倒塌呢?

## 7. 顶点的正方形

难易程度:★★☆☆☆

法兰克一边看下边这张图,一边思考:1 个小正方形在 1 个大正方形的一角外面? 1 个小正方形在 1 个大正方形的一角里面? 还是 1 个大正方形的一角被挖去了 1 个小正方形?

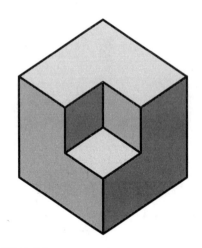

你能一起思考这些问题吗?

## 8. 旋转的立体

难易程度:★★★☆☆

右页图是个 3D 物体旋转不同角度的视图,但是其原先的顺序已经被打乱,哈利想要将之按照原来的顺序排列出来,却无法完成。

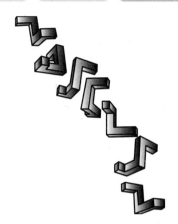

你能否按照原来的顺序排列出来呢?

## 9. 数立方体

难易程度:★★☆☆☆

洁思米在户外看见 1 个正立方体的公共艺术,她想运用学到的数学知识,算一算这个立方体中总共有多少个小立方体。

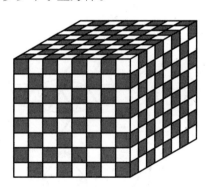

你能正确算出来吗?

## 10. 魔术方块

难易程度:★★★★☆

贾斯汀很喜欢玩魔术方块。叔叔山姆送给他 1 个很特别的魔术方块,并出了道题目请聪明的贾斯汀思考:有 16 个 1、16 个 2、16 个 3 和 16 个 4。要将它们放进 4×4×4 的立方体内,使任何一行或一列上的 4 个小立方块都不会出现 2 个或 2 个以上相同的数字。

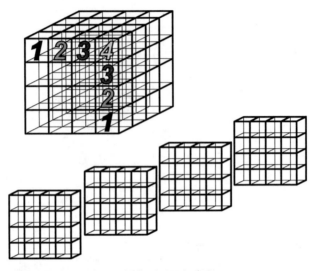

你是否也能和聪明的贾斯汀一样解出答案呢?

## 11. 多面体环

鲍伯知道 8 个正八面体可以组成 1 个多面体的环(如下图所示)。

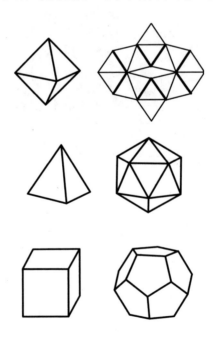

他想用同样的方法,将其它几种正多面体组成这样的多面体环。

**请问,鲍伯可以顺利组成吗?**

## 12. 猫窝的门

难易程度:★☆☆☆☆

莎宾娜喜欢养猫,她用纸板亲手做了1个猫窝。

图一是莎宾娜做的猫窝示意图。莎宾娜请妹妹看一下图,打算考考她:示意图中深色和浅色分别是猫窝的两个门,看一眼后把图一盖上,在图二和图三中,分别找出刚才所看到的两个门。

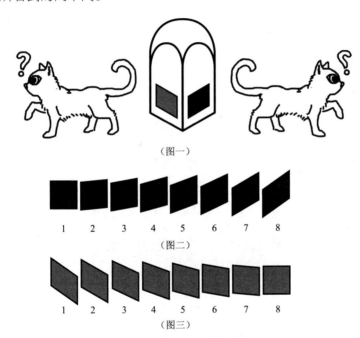

（图一）

（图二）

（图三）

**你也能顺利找出来吗?**

## 13. 有洞的骰子

难易程度:★★★★☆

帕克的学校举办闯关游戏,其中一关是找出有洞的骰子。题目如下:

20个骰子组成1个大立方体(如图所示)。大立方体每面的中间都有1个洞,请分别写出这3个看得见的洞四面的骰子点数,以及看不见的那3个洞四面的骰子点数。

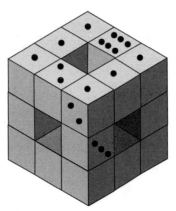

你能否顺利写出答案呢?

## 14. 立方体迷宫

保罗喜欢玩纸上迷宫。珊曼莎阿姨送他 1 个立方体迷宫。游戏规则是:将纸迷宫(如图所示)折成一个立方体,并从 1 走到 2,测试最快多久能够完成。

请你也来试试看是否能顺利走出立方体迷宫吧!

## 15. 金字塔迷宫

珊曼莎阿姨又送给保罗 1 个纸上迷宫。游戏规则是:将纸迷宫(如图所示)折成 1 个金字塔。测试最快多久能够完成。

**请你也来测试看看是否能顺利走出金字塔迷宫吧!**

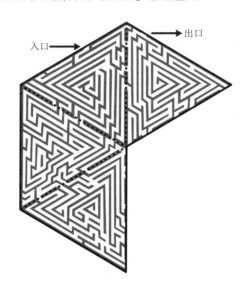

## 16. 燕尾榫

燕尾榫接合常用于木家具平板直角相接处,可防止受控力时脱开。

下图是燕尾榫接合模型,与普通的燕尾榫接合不同,这个模型的四面都是一样的。

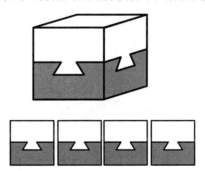

**你能将这个燕尾榫接合分开吗?**

## 17. 3D 空间

3D 空间是指三维、三个维度、三个坐标,即有长、宽、高所构成的空间。

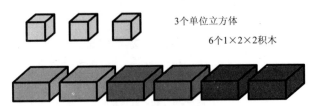

3个单位立方体

6个1×2×2积木

这是 3D 空间问题中,关于不相同积木的问题(如图所示)。若要把这些积木拼成 1 个 3×3 立方体,看似简单,实际上却不容易。

**你能顺利拼出来吗?**

## 18. 多米诺塔

难易程度:★★★☆☆

汤姆正在研究一个看似不可能完成的结构——多米诺塔。

多米诺塔是将骨牌按一定间距排列成行。如果不慎轻轻碰倒第 1 枚骨牌,其余的骨牌就会产生连锁反应,依次倒下。

**你知道汤姆是怎么搭起来的吗?**

## 19. 升旗手的任务

难易程度:★★★☆☆

杰克是名升旗手,他的任务是要将旗杆插在这座塔的最高处。

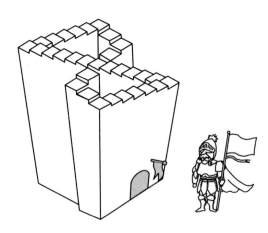

**你能帮杰克找到最高处吗?**

## 20. 侦探与小偷

难易程度：★★★★☆

查理喜欢看侦探故事。书中有幅画，是参照著名的内克尔立方体画出来的。题目是要判断私家侦探是否看得到小偷。

请问，查理应该如何判断呢？

## 21. 激光束的路径

难易程度：★★★★☆

史蒂夫正在做实验：在全息摄影环境中，一束雷射光从左上方发出，并在右下方被吸收。其穿越 8 个"暗箱"（如图所示）。

在每个暗箱中，雷射都被两面呈 45 度角的棱镜反射，如图中两个被剖开的箱子所示。

史蒂夫将雷射的路径用红色标记。透过激光束可以看见部分的观察，并推演结果。他想要重新建构出激光束在暗箱中的连续路径。

**史蒂夫应该怎么解题呢？**

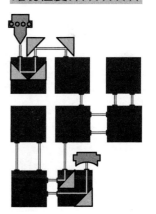

## 22. 折叠盒子

难易程度：★★☆☆☆

汉克正在折叠盒子。盒上印有英文字母，如图标中的 A。

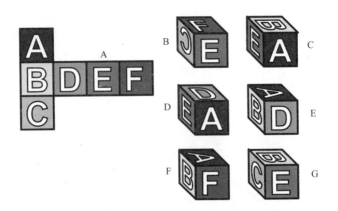

请问,汉克所折叠的盒子会是 B、C、D、E、F、G 中的哪一个?

## 23. 第3枝铅笔

哈克在下课时间,随手在课桌上堆起铅笔。请同学快速看过后,猜出由下往上数的顺序中,哪 1 支是第 3 支铅笔。

**你能迅速看出来吗?**

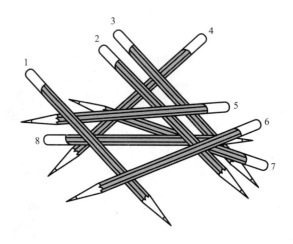

## 24. 缺少的立方体

维克喜欢玩积木,但是当他将积木搭成立方体后,调皮的弟弟哈克却拿走了其中几块积木。

请问,这个 6×6 的立方体中,缺少了多少个小立方体?

## 25. 全等立方体

难易程度:★★☆☆☆

哈克用 16 个体积相等的小立方体积木,分别做成以下 4 个图形。

**请问,哪一个图形的表面积最大?**

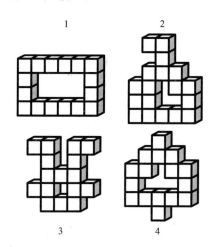

## 26. 摆放立方体

难易程度:★★★★☆

安德鲁告诉儿子安德烈,1 个立方体可以有 24 种不同的摆放方式(即不同的方向)。

安德鲁请安德烈在图中的空白处画上正确的颜色。

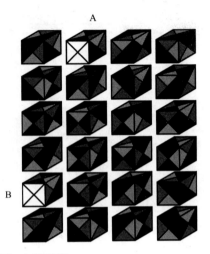

请问，安德烈应该要怎么画呢？

## 27. 着色立方体

乔治在 1 个 3×3×3 的立方体表面涂上红色，然后再将其分成 27 个小立方体。乔治突然想到，这样里面分别会有 3 个红色表面、2 个红色表面、1 个红色表面，以及没有红色表面的小立方体。

**你能帮乔治算出它们分别有几个吗？**

## 28. 对角线的长度

小男孩威利正在玩 4 个体积相等的大立方体。如果只用 1 支直尺，威利能否量出立方体对角线的长度？

**请问，威利应该如何测量？**

## 29. 需要多少立方体

家教老师韦恩出了一道题目给学生维德：算出由 8 个小立方体粘合而成的大立方体的对角线长度。可使用单独的小立方体（每个小立方体与组成大立方体的小立方体大小相等）做为计算的辅助工具，那需要多少个小立方体呢？

**请问，维德应该如何解题呢？**

## 30. 隐藏的立方体

难易程度：★★★☆☆

数学老师泰德在课堂上出了以下的试题给学生：

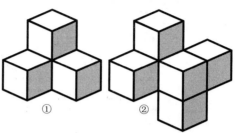

试题1：①的第4个立方体被隐藏在下一层后面的角落。拿起这个物体，从各个角度观察，能看出多少个不同立方体的面？

试题2：②的"双L"形由6个立方体所组成。但第6个立方体隐藏在中间一层后面的角落里。如果能够从各个角度观察这个形体，会看到多少个面？

**你是否能回答这两个问题呢？**

# CHAPTER 4

# 纯粹逻辑推理

Go →

# 1. 军队行进路线

温菲尔德·斯科特将军对陆军部长斯坦顿说："尽管我们有20位指挥官指挥军队进入公园，但他们之中没有1个人完全知道让士兵再出来的战术！"这番话被看做对参加节日阅兵部队的严厉批评。

斯科特将军是位老练的国际象棋棋手。曾有道奇妙的国际象棋趣题，说的就是派部队进出公园的战术问题。军事战术对于普通人来说有点遥远，但是转换一下思路，脱离开这个严肃的问题，将之想成是简单的进出问题。

这道题并不需要国际象棋的知识，因为其是道纯粹又简单的趣题。为了便于说明，把这个公园变成类似于国际象棋棋盘的方格。请说明部队从其中一个门进入，经过每个方格，并穿过中间的凯旋门，然后从另一个大门出去，应该怎么选择路线才能转最少弯？每步都必须像国际象棋中的车那样走，且走过的方格不能重复。

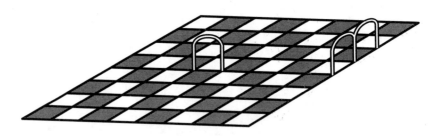

在纸上画1个8×8共64个方格的图，如图所示，2个门做为起点和终点，试着用铅笔画过每个方格，并通过中间的拱门。

**你可以画出最短路线吗？**

# 2. 哈雷彗星的轨迹

根据右页上图所示，哈雷彗星从中间的白色小星星开始移动，经过星座里每颗黑色星星，最后到达白色大星星所在的位置。

按照这种移动方式，哈雷彗星至少需要直线移动多少步，才能完成题目的要求？

**你能画出正确的轨迹图吗？**

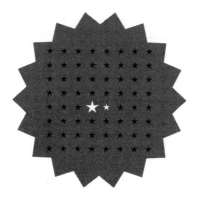

### 3. 偷吃的野猪要逃跑

难易程度:★★★★☆

开心果园的门敞开着,一头野猪跑进园里偷吃所有共 64 个红柿子之后逃跑了,野猪并没有碰到中间的黑色栅栏,共转了 20 次直角弯。可以确定的是,野猪可以不用像图中的路线那样转弯多次。

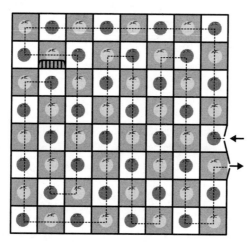

如果野猪要逃跑,最少得转多少个弯?

### 4. 猴子爬窗路线

难易程度:★★★☆☆

马戏团驯养的猴子都很聪明,它们不仅会表演,还会讨好观众,帮主人赚钱。

马戏团演员牵着 1 只猴子来到某栋公寓楼下,准备为楼上的居民表演。演员表演完之后,派猴子到楼上去索取观赏费,然后再回到主人的身边。

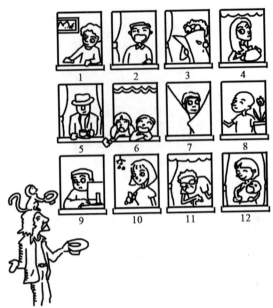

　　如果要缩短时间,让接下来有充裕的时间前往下栋公寓表演,赚取更多的演出费,那么猴子从现在的位置出发,必须走一条最短的路线,最后回到主人的肩膀上。

**你能找出最短的路线吗?**

## 5. 四合院筑路

难易程度:★★★☆☆

　　四合院里住着3户人家。大房子的主人要修筑1条直通院子大门的路(大门在图的正下方),左边的人家要修筑1条路通向右边的小门,右边的人家要修筑1条路通向左边的小门。他们都希望自己修筑的路不与其他家的路重叠,于是几家商议,最后聪明的大房子主人想出了最佳的修路路线。

　　如果这3条路线都不想与其他路交叉,该怎么修筑呢?

**你知道正确的路线图吗?**

## 6. 日本水雷阵

难易程度:★★★☆☆

　　图中是"二战"期间,日本人在亚瑟港布下的水雷阵。日本军队的军舰要从左边最下方到达左边最上方,只转弯一次。

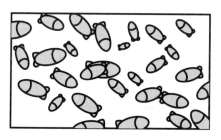

试着从底线开始画 1 条直线,滑到中间某个地方停下,再画另 1 条直线,连接到左上角。

**要怎么走才能不碰到任何水雷顺利通过水雷阵呢?**

## 7. 巡逻路线      难易程度:★★★★☆

伯布森自从加入巡警队伍后,有个问题始终困扰着他。伯布森担负着整个小区的巡逻任务,路线的起点为图上箭头处。他在每次转弯之前所经过的每个大街小巷的房屋数目都必须是奇数,且同段路线不得重复。伯布森画了张路线图,想找到最好的方案。

图中的虚线代表伯布森一直在执行的巡逻路线。这条路线途经 28 栋房屋,图上已经用白色标示。伯布森必须另外找到 1 条路线,既能满足上面的要求,又能使所经过房屋的数目尽可能多;且同前面的路线一样,起点还是应该落在箭头处。

你能帮忙画出路线图吗?

### 8. 舰艇驾驶的难题

难易程度:★★★☆☆

舰艇驾驶员这个职位并不容易胜任,因为不仅要懂舰艇,还要懂天文、地理、物理,甚至数学。

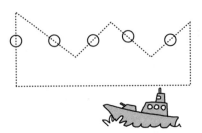

舰艇新驾驶员吉姆遇到了难题,当他演示在只转弯7次的情况下,要驾驶军舰从5个圆环中心穿过,而后再回到起点。然而舰长告诉他,运用海军战略,不必转弯7次也可以完成1次往返。

**你知道最少需要转几次弯吗?**

### 9. 欢乐公园

难易程度:★★★★★

欢乐公园住着8户人家,每户在自家门口的正对面都有私家出口可以出入公园,且他们只能通过1条树林中的私家小路通向各自的私家出口。任何2户人家的小路都没有交叉,也没有任何人曾经撞见过邻居,因此他们一直和睦相处。其中几条小路要拐很多弯,不过他们每人都随身携带房东给的地图,上面清楚地标注着出门的路线。

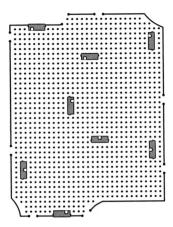

你能在地图上标出每栋房子家门到对面公园大门的路线吗?

## 10. 最短的出路

难易程度：★★★★☆

假日午后，乔治与汉克闲来无事，拿起报纸上的趣题来训练思维能力。题目如下：

如图所示，从图正中央的心形开始，沿直线走 3 步，方向不限，可以是东、南、西、北、东南、西南、西北和东北等任意一个方向。在沿直线走 3 步之后，会到达 1个方格，下一步按照方格里的数字进行，数字多少就朝任意方向直线走多少步。照此方法，严格按照显示的数字走下去，直到方格中的数字可以带你到边界外一步的位置。

**请想想要怎么走才能以最短的路线到达出口？**

## 11. 少了一半的烟

难易程度：★★☆☆☆

汤姆是个诚实的孩子。有一天，妈妈怒气冲冲对着汤姆咆哮道："你知道的，你父亲是个老烟枪。他今天早上在桌上留下了 1 盒烟，然后就去村里买工具。可是等他回来时，发现桌上的香烟少了一半。他就去跟左邻右舍谈这件事，当他再回来时,桌上的香烟又少了一半。他随后去耶鲁叔叔家借修车工具,回来时发现香烟又少了一半！你父亲向我抱怨一通,好像是我抽光了他的烟。现在只剩下最后 1 根烟了,汤姆,你告诉我,你有没有碰过 1 支烟?"

汤姆是个诚实的孩子,他对妈妈说:"剩下的最后那支烟,就是我没有碰过的那支,这是千真万确的事实。"

**请问,最初烟盒中有几支烟?**

## 12. 单人跳棋游戏

有位英国海员发明一种好玩的单人跳棋游戏。这位海员在斯塔藤岛的"海员避风港"生活了 40 年。

这位老海员能以极快的速度用小刀削出棋盘和棋子,卖给来访者。这游戏后来传到伦敦,并以"英国的十六子棋"名称风行一时。

这个游戏的目标是用最少的步数互换黑子和白子所占的位置。棋子可以从 1 个方格走到相邻的空格,也可以跳过 1 个相邻的棋子(不管是白是黑)到达 1 个空格。只允许沿着格子的排列方向走(如同国际象棋中的车);不许像在西洋跳棋中那样走向对顶的格子。

这位老海员对他的这项专长很满意,他经常向购买者提供以最少的步数完成游戏的走法。然而他的走法似乎弄错了,或者技巧已失传,实际上大家为求出最短步骤的方法都是有缺陷的,步数还可以减少。

**你知道怎么减少步骤吗?**

## 13. 玉米地与乌鸦

一位知名的鸟类学专家描述了鸟类的习性和聪颖。他看见一群乌鸦停在一块地里,各自按照制定的战术散开。这些鸟就像军队的岗哨一样,相互保持着视线通畅,并在危险将来临时通过信号通知整个鸟群。

假设用跳棋盘上的 64 个点代表玉米地里的 64 堆玉米芽。问题是怎么将 8 只乌鸦放在这些点上,且没有任何 2 只以上的乌鸦在同一行或在同一条斜线上。只有这样,持枪巡逻的农夫才不会一枪打死 2 只乌鸦。

**你能找出唯一的答案吗?**

## 14. 马牛起身的区别

难易程度：★★☆☆☆

你知道马和牛起身的区别吗？大部分的人都不了解，实际上这个问题很简单，但正因为简单、平常，所以很多人都没有留意过，即使经常和马、牛待在一起的人，也不一定会留意这件事情。

**你知道马和牛起身的区别吗？**

## 15. 战斗信号

难易程度：★★★★☆

这张插图展示的是司令官正在赶制的战斗信号，以供那些不熟悉海军信号代码的战舰士兵使用。

图中的司令官正在地图上部署舰队进攻计划，他们将根据计划击溃敌方战舰中的小舰艇，意图待他们全面出击时将其一举歼灭。

从大战舰所在地开始，画出1条连续的航线，使军舰沿着这条航线能够打击到所有63艘敌军战舰，移动最少"步骤"之后（用直线数目最少），回到出发地。

**你能正确画出来吗？**

## 16. 密码锁的密码

难易程度：★★★☆☆

保险箱的原理在某种程度上就是密码锁的原理。密码锁实际上是数字码的组合,其保险系数完全看字码组合的难度,也就是人们猜中数字码组合的可能性大小。

只有少部分的人了解密码锁的构造原理,而多数人都非常想了解密码锁简单的内部工作原理。

图中的窃贼一直在研究密码锁的内部构造。每个外面的拨号盘都连接着里面的圆盘开关,圆盘开关上有一个缺口,只有当这个缺口正好对着弯曲的锁簧时,锁才有可能被打开。只有当 3 个圆盘的缺口同时处于正确位置时,中间的扳手才能转动。一般情况下,只有在知道密码锁的密码设置时才能做到这一点。如果每个拨号盘上有 10 个字码,窃贼极有可能在 15 分钟之内打开密码锁,因为 10×10×10 只有 1 000 种可能的组合,所以大约只要试上 500 次左右就能碰上正确的组合。

**你能准确说出下图中密码锁的密码吗?**

## 17. 自行车旅行

佳途协会已经为改善乡下路况做出了很大的努力,媒体人士倡议做点什么来向广大车友宣传一下。不管将崎岖的拐角修成圆润的转弯是出于有心还是无意,也不清楚是否是为了劝导那些在沿途撒地板钉的讨厌鬼,让他们去沿途撒花种,这个倡议还是得到大多数人的认可,有人还画出漂亮的地图。

地图上有宾夕法尼亚州的 23 个主要城市,其之间通过漂亮的自行车车道相

Chapter 1
数字运算游戏
Chapter 2
平面图形分析
Chapter 3
立体空间推理
Chapter 4
纯粹逻辑推理
答 案

连。从费城开始夏季旅行,最终到达伊利,沿途必须经过每一座城市,且道路不能重复路过,如何找出满足所有条件的路线呢?

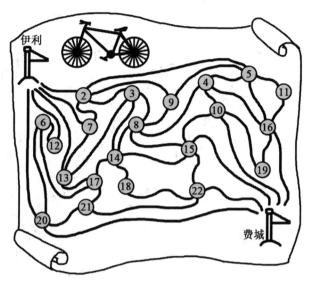

可通过城市的编号来标明所选择的路线。在这个旅程中,并不要求走"最短路线",只要能够到达目的地即可。

**你能找出满足这些条件的所有路线吗?**

## 18. 手表指北针　　　　　　　　　　　难易程度:★★★☆☆

丹尼遇到外国朋友鲍尔,丹尼问鲍尔北方在哪边,鲍尔立刻拿出他的手表。丹尼很好奇地问:"你在表上装了指北针吗?"鲍尔回答:"所有表都可以当指北针用。"丹尼请教鲍尔如何将手表当指北针使用。鲍尔得知丹尼不知道这个方法时非常惊讶,觉得丹尼忽视了一个生活常识。后来丹尼也遇到了很多没听过这个方法的人。

**你能通过手表指针的指向来判定哪个方向是北吗?**

## 19. 21 头猪的分配　　　　　　　　　　难易程度:★★★☆☆

汤米和车友骑车到郊外出游,遇到一位性情和善的爱尔兰园主。爱尔兰园主的苹果园有清澈的泉水,使他那小小的棚屋成了自行车队休息的圣地。园主的个性独特,说起俏皮话来舌头都不打结,任谁都要甘拜下风。汤米对他说,也许彼此很有缘分,因为大家都是依靠 pen(英语有笔和猪圈的意思)来谋生的。这时,园主正经地问汤米："你知道为什么爱尔兰人总喜欢在自己房子的窗户下建猪舍吗?"在汤米列举各种理由后,他神秘兮兮地向汤米附耳低语道:"造在那里的目的主要是想把猪圈住!"他不让汤米把这个理由告诉其他人,以免被耻笑。

现在如果爱尔兰园主有 21 头猪,他想把它们圈在 1 个矩形的猪舍里,并在内部用篱笆隔成 4 个小猪舍,使每个猪舍里都有偶数对猪再加上 1 头猪。

请问,在这样的条件下,爱尔兰园主能如愿吗? 你能提出最符合题意的解决方法吗?

## 20. 切椒盐卷饼

难易程度:★★★☆☆

贾森拿了 1 个维也纳椒盐卷饼(如图所示),让朋友猜他用 1 刀能切成多少块。这个趣题一下子就引起了朋友们的兴趣,他们都跃跃欲试。

假设此图是个货真价实的椒盐卷饼,请画 1 条直线,将这个卷饼切成最多的块数。

你能正确画出来吗?

## 21. 移动杯子

难易程度:★★★☆☆

4 位男士在酒足饭饱后开始玩了起来。他们找来 8 个酒杯,其中 4 个是空杯,4 个装了酒,拿起相邻的 2 个杯子,变换杯子的位置,最后令空杯子和有酒的杯子间隔排列。表演者的娴熟技术和敏捷的动作是游戏的关键。表演者必须迅速移动,一点也不能犹豫,不然其他人就知道表演者是如何移动的,这样表演就不精采了。

你知道要怎么移动这些杯子吗?

## 22. 分割羊圈

难易程度:★★★☆☆

桃乐丝养了 7 只绵羊,不小心弄丢了 1 只,因为她把羊一起关在矩形的栅栏里,在放牧时走丢了 1 只,回到栅栏又没数清楚。经过一番寻找,终于在离家不远的草地上找到了。桃乐丝怕羊会再因为自己的疏忽走丢,于是想通过分割羊圈的方法把它们分别关在不同的小羊圈,这样才能更清楚羊的状况,可是她只有 3 根木栏。

桃乐丝想要用 3 根木栏把 7 只羊分开,让每个小羊圈里只有 1 只羊。

**请问,桃乐丝应该怎么做?**

## 23. 农场的继承权

难易程度:★★★☆☆

吉姆想要向法庭主张自己拥有地产权,他问哪一州有法律能够阻止他的祖父不娶其遗孀的姊妹。吉姆说自己是否有权继承农场完全取决于这个问题的结果。

这个问题非常奇特,因为男人只有在已经辞世的情况下,才会使他的妻子成为遗孀。而死了的人,怎么可能再娶呢?

**请问,吉姆能获得农场的继承权吗?**

## 24. 修道院的修女

难易程度:★★★☆☆

战争中,总会有修女无故失踪,为了隐瞒善良的院长,聪明的修女们总是想办法调整房间的人数,以防院长发现有人失踪的事实。

修道院是 1 栋 3 层楼的方型建筑。2、3 楼的每一面都有 6 扇窗户,每层楼有 8 个房间,是修女的卧室。3 楼每个房间的窗户比 2 楼房间的多,住在 3 楼的人数比住在 2 楼的人数多 1 倍。修道院院长是个刻板人,她严守修道院创始人立下的规矩,坚持让修女们分开住宿,使每个房间都有人住,3 楼的人数是 2 楼的 2 倍,且每个侧面的 6 个房间的总人数必须刚好是 11 人。当然这个问题只涉及 2、3 楼,完全不必考虑 1 楼。

后来发生了场战争,军队经过这里,有 9 名年轻修女无端失踪。大家坚信是军队掠走她们。为了不使院长伤心,她们四处寻找失踪的修女,同时还要设法加以掩盖此事。

修女们发现,通过重新调整每个房间的人数,可以隐瞒真相,于是她们一起调整了房间。院长晚上巡视修道院时,看到每个房间都有人住,每一面的总人数都是 11 人,而且 3 楼的人数还是 2 楼的 2 倍。院长没有发现有 9 名修女失踪了。

**请问,修女们是如何安排房间的呢?**

## 25. 狡猾的珠宝商

难易程度:★★★☆☆

在珠宝商安东尼多年的犯罪生涯中,曾偷过很多地位显赫的女士的宝石。安东尼的做案手法通常是用假的换走真的宝石,或更换宝石的位置。这样失主就不会注意到了。

安东尼狡猾的做案手法如下:这是枚镶嵌有 25 颗宝石的古董胸针。胸针的主人习惯从上向下、从中间向两边数,所以每一行每一列都是 13 颗宝石。

胸针的主人把这个珍贵首饰送到了安东尼手中保养,并告知如何数宝石的数量。取首饰时,彬彬有礼的安东尼告诉他,东西和原来是一样的。后来的很多年里,胸针的主人一直按照原来的方法清点宝石,宝石的数量和以前一样,每行每列都是 13 颗,不多也不少。殊不知,已有 2 颗最好的宝石被偷走了。

**请问,安东尼是如何掩盖他的罪行呢?**

## 26. 古老灯塔

难易程度:★★★★☆

到泽西海岸度假的游客大多熟悉位于瞭望点的古老灯塔。这座灯塔曾服务超过半个世纪之久,其遗骸矗立在一块深入海中的岩石上。插图是从 1 张大约 15 年前的草图上取下来的,所提供的数据和信息都是依照这座灯塔现在的状况推想出来的。这张图是从一位已 96 岁高龄的老人那里获得的,他回忆灯塔建立时,他还是个年幼的小男孩,且大部分人几乎都相信古老灯塔比《圣经》中的巴别塔还要再高一点。

现在这座灯塔除了 1 根大概 60 英尺高的烧焦柱子外,什么都不剩了,因为楼梯都在 20 多年前的一场火灾中被烧毁了。有资料显示,灯塔本来高 300 英尺,是个非常了不得的高度。

灯塔中央由一根庞大的柱子所支撑,带铁制扶手的螺旋式楼梯绕圆柱 4 圈。每级台阶都有扶手或是当栏杆用的尖桩,这些尖桩都相距 1 英尺。算出一个人需要走多少级台阶才能到达塔顶的问题,应该很容易。然而从来没有听说有哪个人能算出正确的答案。

到达塔顶的平台正好是 300 英尺的高度,阶梯环绕圆柱 4 圈,正如图所示,其直径为 35 英尺 10.5 英寸,从中可以轻易计算出周长。

**请你计算灯塔有多少级台阶或需要多少根尖桩?**

## 27. 嫁接树种

难易程度:★★★★☆

古怪的老园丁哈鲁,他习惯按照秘密编码来种植果树幼苗,除了他,没有人能准确知道果园中各品种果树的具体方位。哈鲁对此的说法是,他从事的是实验性嫁接工作,很担心参观者或手下的人会偷走自己的技术。

哈鲁不断发明设计新的隐藏实验嫁接树种的方法,甚至故意让自己也找不到,通过这样的方式,来观察果树嫁接实验的进展是否有泄漏其品种的可能。

哈鲁在房子旁边种植了 60 棵树苗,如图所示,不同品种的水果会在上面进行嫁接。他习惯一次种植 10 棵同种树苗,并将它们按某种秘密的排列分散种在果园各处。这个排列模式是把 10 棵树种成 5 行,其中 1 列有 4 棵。这样的种植方式的确像是个谜团,然而这种技术更困难的是,每 1 组树苗都不会和其它不同品种的树苗冲突。

哈鲁在引入不同品种的树苗时,总是依照这个原则顺利实行。

问题是:在如图所示的果园中,能放多少组不同的果树? 而每种果树必须是 10 棵,且把 10 棵树种成 5 行,其中 1 列有 4 棵。

在此提出 4 种水果的名字:桃子、梨子、柿子、梅子,希望能够发现安排 4 组果树的可行办法。

在思考答案时,可以在白纸上制作图表,用点来表示果树,在每棵果树上用水果的名字做标记;也可以通过在图中的果树下面,写上水果的名字来展示答案。在呈现 4 种果树分组时,只需要把 60 棵果树当中的 40 棵表示出来,因为图中的 60 棵果树只是表示其中选出的 40 棵可能被放置的位置。

**你能正确解题吗?**

## 28. 配电盘拉线　　　　　　　　　　难易程度:★★★★☆

两个电工发明一种配电盘。为了将所有的接触点连在一起,两人在采用"何种拉铜线方式"的问题上发生很大分歧。这是个精细活,涉及上百个接触点,但是考虑到 64 个点足以阐明问题,所以这里选择 8×8 的配电盘(可以先画一个相类似的 8×8 个点的正方形)。

问题是要寻找 B 点(最右边上数第 2 个)经过正方形的中心到达 A 点(左下角最后一个)的最短路线。小正方形边长为 1 英寸,每 2 个小正方形之间相隔 2 英寸。从数据中可以得知,每当电线改变方向时,必须在小方格的角上绕一圈,而这道工序要消耗 1 英寸电线(不准沿对角线进行连接)。

注意正方形只能从一个方向穿过,然后记下拉的电线长度或记下需要的电线长度。

**你能正确解题吗?**

## 29. 法兰克夫妇搬家　　　　　　　　难易程度:★★★★☆

法兰克夫妇要将家具搬进一栋有 6 个房间的舒适的新居。他们总共有 5 件大家具:床、桌子、沙发、冰箱和梳妆台。这些家具很大,一个房间只能放一件。然而搬运工把冰箱和床放错了房间。法兰克夫妇已经花了好几个小时,希望能够尽快找到对调这 2 件大家具的方法。

法兰克在纸上画出屋子的平面图,并用5样小物件来代表需要搬运的大家具,他把小物件分别放在几个小格子内。酒瓶代表床,刷子代表冰箱,杯子代表桌子、汤匙代表沙发、钥匙代表梳妆台。现在要求将酒瓶和刷子的位置对调,但每次只能有一样东西搬入空房间。

**你能用最简便快速的方法完成酒瓶和刷子的对调吗?**

## 30. 摘花瓣游戏　　　　　　　　　　难易程度:★★★☆☆

乔森和友人参加旅行团,游览瑞士阿尔卑斯山区附近的风景名胜。劳顿了一天后,他们坐下来休息,遇到一个正在采雏菊的可爱小女孩。为了讨小女孩欢心,乔森告诉她如何通过采摘花瓣来预卜她未来的婚姻状况。小女孩说这种游戏在农村很流行,只是游戏规则稍有不同,方法如下:

游戏需要2个人一起玩,每个人轮流随意摘取1片花瓣或2片相邻的花瓣,直到摘完,摘到最后1片的人就是胜者,把光秃秃的花枝留给对方。他们将这个花枝称为"老姑娘",当然得到老姑娘的一方就是输家。乔森和友人感到意外的是,这个不到10岁的小女孩,居然击败他们整个旅行团,无论谁先摘,胜者始终是她。

有1朵13片花瓣的雏菊,2人轮流在花瓣上做1点小标记,1人1次在1片花瓣或相邻的2片花瓣上做记号。最后一个做记号的人就是赢家,而另一方只得收下老姑娘,承认失败。

**你知道是先做记号的人还是后做记号的人获胜呢? 要怎么做才能获胜?**

## 31. 谁应该付钱　　　　　　　　　　难易程度:★★★☆☆

3个朋友打一局有15颗球的撞球。按照惯例,输者必须支付这一局的钱。1号撞球手是个行家,他应允2号和3号可以合起来和他比较击入袋中的球数。正当他们要开始时,第4个人走进来并加入。此人是外人,不接受任何条件,按照平等的标准和3人进行比赛。

积分架上显示这局每人打进的球数。根据约定的条件,应该由哪位撞球手付这局的费用?

**请问,谁应该付这局的费用? 为什么?**

## 32. 车头相遇　　　　难易程度:★★★☆☆

早期的铁路,有一节车头带着 4 节车厢和另一节带着 3 节车厢的车头相遇了。这时,该如何借助侧线使这两列火车都能顺利通过(侧线的长度只能容纳 1 节车头或 1 节车厢)?

没有绳索、杆子或临时转辙器可以使用,且车厢不能连接在车头的前面。在解答时,车头每倒退 1 次算移动 1 次。

**请问,车头必须来回多少次才能达到目的?**

## 33. 宾克斯火灾逃生器　　　　难易程度:★★★☆☆

火海逃生的发明人、获得专利权的宾克斯,声称全世界的每间卧室都应该装设这种逃生器。宾克斯火灾逃生器的原理非常简单,是在滑轮两边用绳索吊着两个大篮子,一个篮子放下去时,另一个篮子就会升上来,即如果在其中的一个篮子放 1 件东西做为平衡物,则较重的物体就可以放在另一个篮子里往下运。

图中画的是一间度假旅馆和安装在墙外的宾克斯火灾逃生器。假如 2 个篮子里都放有重物,为了安全起见,每次降下的东西重量之差不可以超过 30 磅。

一天深夜,旅馆突然发生火灾,除了守夜人和他的家属外,所有旅客全都已安全脱险。当守夜人一家被吵醒时,除了窗外的宾克斯升降装置可以利用外,其他通道都被大火堵死了。已知守夜人、他的胖夫人、狗和婴儿加起来共重 390 磅,其中守夜人体重90磅,他的胖夫人重210磅,狗重60磅,婴儿重30磅。但是狗和婴儿如果没有守夜人或他夫人的帮助,无法独自爬进或爬出篮子。

**请问,怎样才能让他们尽快安全逃生呢?**

## 34. 山羊相撞　　　　　　　　　难易程度:★★★★☆

杰弗里有1只山羊,它在多次与岩石的对抗中,都是无可争议的冠军,这时有人带来1只比它还要重3磅的山羊。杰弗里的山羊重54磅,新来的山羊重57磅,山羊很聪明,知道不要跟超出自己量级的山羊打架,所以它们从没有因为体重之争打过架,无论从哪个方面看,它们开始时过得确实很和睦。后来体型较小的山羊暗自制定策略,它驻守在一条很陡峭的小径顶端,以让人不能忍受的方式对另一只山羊大声辱骂,另一只山羊沿着山坡怒冲上来,撞到占优势向下俯冲的小山羊。很悲哀的是,两只山羊都在剧烈的撞击中丧生了。

经过科学家的计算发现:"经过反复试验,发现能够破坏山羊头盖骨的一次重击的强度与30磅物体下落20英尺的冲量相等,这样的重击会导致山羊死亡。"

**请问,两只山羊相遇时,导致对方头盖骨遭破坏的相对速度是多少?**

## 35. 圣诞老人追火鸡　　　　　　　难易程度:★★☆☆☆

一只雄火鸡让欢乐的圣诞老人在原野边开始一场愉快的追逐,在它被追上之前,圣诞老人已经在雪地上留下足迹。从图中可以看出,在他们到达现在的位置之前,是从右下角过来的,并且圣诞老人陪着火鸡已经兜了几圈,而雄火鸡看上去快要束手就擒了。

请仔细研究画面,指出图中某些不合实际的现象,并详细说明。

**你可以看出来画家哪里画错了吗?**

## 36. 宾客吃鸡蛋 难易程度:★★★★☆

在复活节的晚宴上,出席的宾客们可以共同享用 10 打鸡蛋。侍者第一次上了 30 个鸡蛋,宾客们 1 分钟吃掉 3 个,共花了 10 分钟。接下来,侍者又上了 30 个鸡蛋,这次宾客们 1 分钟吃掉 2 个,共花了 15 分钟。最后,侍者一口气上了 60 个鸡蛋,这次,宾客们前 1 分钟吃 3 个,后 1 分钟吃 2 个,交替反复。也就是说,平均下来,2 分钟吃了 5 个鸡蛋。

假如原先的宾客中只有一半人数出席,那么照此方式,需要多久才能把这 120 个鸡蛋吃完?

**你能正确解题吗?**

## 37. 盒子里飞翔的小鸟 难易程度:★★★★☆

这是个基于自然哲学法则和常识性机械定律的问题:

一只重 1 盎司的小鸟,飞进只有一个小开口的盒子里,然后在里面一圈一圈不停歇地飞来飞去,它会增加还是减少盒子的重量?

**你知道正确答案吗?**

## 38. 找出邦尼兔 难易程度:★★☆☆☆

根据欧洲古老的传说,野兔是一种终日不闭眼的动物,它能在黑夜里观看四周的动物,因此野兔代表着黑夜中的一轮皎洁明月。加上复活节日期的计算是以春天月圆为基础,于是就将春天繁殖力强的野兔视为复活节的象征之一。这习俗传入美国后,美国人还为兔子取了个可爱的名字,称它为复活节的邦尼兔!

图中藏了 1 只邦尼兔,但这样是看不出来的。请把右图沿线剪下来,和左图拼合在一起,看看邦尼兔在哪里。

**你能找出邦尼兔吗?**

## 39. 生病的外甥

难易程度：★★☆☆☆

洛夫大叔到大城市来探望姐姐莎莉。他们一起沿着城市的街道向前走，来到一家小旅馆前。

"我们待会儿再走吧！我想停留一会儿，去看一下我生病的外甥，他就住在这间旅馆。"洛夫对姐姐说。

莎莉说："好吧！你看，我就没有什么让人操心的外甥，我得赶紧回家看一看，下午才能继续观光。"

**请问，莎莉和那个生病的外甥是什么关系？**

## 40. 火车调车

难易程度：★★★☆☆

这是道与铁路有关的问题，是铁路发展早期的故事。故事是这样的：

在铁路双线出现之前，使用的还是平台。

有位旅客说："我刚到达站台，那是火车的必经之路，这时大家发现"特快车"抛锚了。列车长告诉我们，大烟囱太热崩溃了，而此处又缺乏水源，没有办法使蒸汽机正常运转。"

这时，另一列火车从远方驶来，必须赶快想出解决办法，让它绕过抛锚的特快车才行。图中分别有 A、B、C、D 四段标记的铁道只能容纳 1 节车厢或 1 节机车。当然抛锚的火车已经无法自己开走，必须像普通火车一样，用其它机车推拉走。普通车的车厢可以单独推拉，也可以好多节一次推拉。牵引的机车可以用其前端拉车，就像平时用其后端拉车那样。

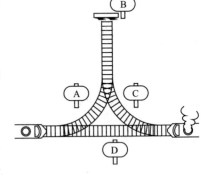

如何用最有效的方法，使远方开来的火车需要转换运动方向的次数为最小，即让远方开来的列车能顺利通过抛锚快车所在的位置，之后，抛锚快车按照老样子停放在铁路线上，朝向不改变。

可以把铁路画在纸上，再用厚纸板剪出筹码来代表抛锚车与普通车。

**你能正确解题吗？**

## 41. 餐巾上放鸡蛋

难易程度：★★★☆☆

2个人轮流在1张餐巾上放鸡蛋,谁放下最后一个鸡蛋,谁就是赢家。鸡蛋一旦放下,就不能移动,也不能和其它鸡蛋接触。鸡蛋的大小、餐巾的大小和鸡蛋之间的距离都不重要。所以谁能放下最后一个鸡蛋完全要靠运气。

**请问,如何才能赢得比赛?**

## 42. 埃布尔的梦境

难易程度：★★★☆☆

埃布尔做了一个很真实的梦,他依稀记得：

导游腰挂宝剑,只要有狮子挡住我们的去路,导游就马上挥剑杀死它。我和导游事先约定好,只要我有所捕获,狮子皮就归我所有。我们正跃跃欲试想爬上那座小金字塔时,1头潜伏在附近的狮子进入我们的视线,情急之下我将行李放在安全处,然后三步并两步,一脚跨过了 5 个台阶,导游跨过了 6 个台阶,狮子则跨过了 7 个台阶。当时情况极为危急。

当埃布尔梦醒后,不管怎么测量,任何一方都无法达到顶部。实际上,尽管下端的台阶看不清楚,但这些信息还是足以算出金字塔的准确高度。

**你能帮埃布尔算出答案吗?**

## ЧЗ。农夫和农妇抓鸡

一块菜田被分成 49 个正方形小块,每个小块之间由玉米堆隔开。农夫和农妇与他们养的 2 只鸡正在玩游戏:在玉米堆之间从一个正方形移至另一个正方形,可以上下左右移动。

每一方轮流玩。首先,农夫和农妇各移动 1 步,随后公鸡跟着农夫、母鸡跟着农妇也各移动 1 步。如此轮流,直到将鸡逼到无路可走。请问,共需要走多少步?

画出包含 49 个玉米堆的草图,然后在上面描绘出如何移动最少步将鸡抓住。

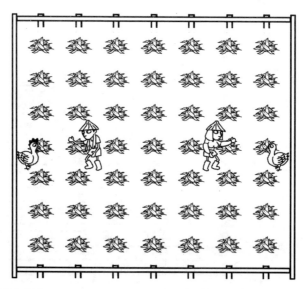

你能算出答案吗?

## ЧЧ。最棘手的酒和水

巴格达商人巴里专门做朝圣者的生意,这些朝圣者经常穿越沙漠而来。商人巴里曾经碰见一个棘手的问题:沙漠商队的领头来找巴里,他想买一些酒和水。领头在巴里面前放下 3 个 10 加仑的器皿,然后告诉巴里说:"将 3 加仑的酒放在第 1 个器皿中,在第 2 个器皿中装 3 加仑的水,然后在第 3 个器皿中装水和酒各 3 加仑,最后各喂 13 头骆驼 3 加仑的水。"

根据当地惯例,出售的水和酒都是以偶数计量,所以巴里只备有 2 加仑和 4 加仑的容器。但是巴里既没有借助任何窍门和工具,也没有使用特殊计量方法,便成功地按照客人需要的量,将水从大桶(63 加仑)中取出来,将酒从小桶(31＋1/2 加仑)里面取出来,一滴都没有洒。

如果将液体从一个容器移到另一个容器称为一次"操作",完成这个难题最少需要多少次操作?

**你能正确算出来吗?**

## 45. 解开戈尔迪之结　　　　　　　难易程度:★★★★☆

戈尔狄俄斯是不谙世事的乡下小伙子,靠着过人的天资,成为弗里吉亚的国王,在历史上被称为"耕童君王"。传说当他获得令牌时,他将耕田用具用一个结悬系在梁柱上,这就是著名的"戈尔狄之结"。因为打结的方式太古怪,没有人能打开这个结。于是有神谕宣称,如果谁能打开这个结,不论出生、阶层,都该继任该国皇帝。

据说亚历山大大帝多次尝试去解开这个结,但都无功而返,从而激起他更强的成功欲望,于是他拔剑出鞘,斩断绳索,大声说道:"这才是获得成功最简单的方法。"

按照研究这个历史事件的历史学家和天文学家的观点,这种解谜方法光明正大,无可指摘。所有记载都认为绳索打得太紧,压根找不到绳子的头,以及耕田的工具系在神庙的 U 形钉上。

找 1 条长约 1 码的绳索,将绳子的两头系在一起,变成一个没有头的绳结。随便找把剪刀,将绳子弄成如图所示那样,只是不要将绳索系在 U 形钉上,而是将其往外一扔,像项链一样,越过一个年轻女士的头顶,她一定能帮助你解开这把剪刀。

**你能找出解开绳子的方法吗?**

## 46. 八进制计数　　　　　　　难易程度:★★☆☆☆

7、20、100 相加等于 127,大多数人都不会对此有所怀疑。人们可以将 127 理解为一个 100,两个 10 和 7 个单位。在加法竖式中,每一列都可以累计到 9,如果超过 9,就要向前进一位。如此思考,是因为这是一个简单的十进制数学常识,但如果人类只有八根手指,也可能会使用八进制进行计算。

从数学的角度,可以说较之其它进位制,十进制并非无懈可击。甚至就某种用途而言,七进制(从 1～7)更优。在这种记法中,66 表示的是 6 个 7 和 6 个单位,所以如果再加上 1,66 则应变成 100,而实际上 100 只相当于十进制中的 49。

算式上,在第 1 列上 1 加 6 等于 7,所以应该在第 1 列写上 0,然后向左进 1 位,这样第 2 列上的 6 又变成 7,所以又在第 2 列上写上 0,往第 3 列进 1 位,就变成了 100。相同的道理,222 代表的是 2 个单位,2 个 7,以及 2 个 49,也就是 114。

假设八进制是计数常用方法,人们只数到 8,对 9 和 10 一无所知,那么如何表示 1906 年,以表示耶稣基督出生之后过了 1906 年。这是个非常有趣的问题,可以让我们打破定向思维,更深层了解数字的原则。

**你知道八进制的算法吗?**

## 47. 黑棋和白棋

难易程度:★★★★☆

试着分别拿出 15 颗白棋和 15 颗黑棋,摆成一圈,然后轮圈进行数数,每数到第 13 颗棋子就取出来,这样所有黑棋都会被移除。同样地,用 30 颗白棋围成一圈,然后轮圈进行数数,每数到第 13 颗棋子就取出来,直到移除 15 颗棋子。

有一天,5 个男孩和 5 个女孩在放学途中捡到 5 便士。钱其实是其中一个小女孩捡到的,但是班尼顿宣称当时他们在一起,所以捡到的东西应该是属于大家的。班尼顿知道“黑棋和白棋”的趣题,他想可以通过分钱来验证这道趣题,因为很显然他们 10 个人中只能有 5 个人分到钱。于是他将同伴排成一个圈(如图所示),然后告诉大家,女孩代表“白棋”,男孩代表“黑棋”。班尼顿安排好后，就从其中一个人开始数，数到 13，直到女孩子都被数出来（被数出来的人要往后退一步，下一轮重新数数时要从下一个人开始）。你知道是从哪个人开始数吗？

如果将题目改成最少要数到多少数字，才可以将男孩数出来，让女孩留下呢？

**你知道如何解出答案吗？**

## 48. 最短的电线　　　　　难易程度：★★★★☆

某公司举办一场研讨会，邀请许多人发表成果演讲，为了防止演讲者的演讲超时，公司雇用一位电工在会议厅的后面安装发音器，并由前门的按钮来控制。

电工和公司就需要的电线长度展开激烈的争论。

已知大厅宽为 12 英尺，高也是 12 英尺，长为 30 英尺。电线要贴墙而行，穿过天花板和地板，经过会议厅连接到离后墙壁天花板 3 英尺的发音器，最后连接到前墙壁的中央，靠近门处离地面 3 英尺高的按钮。墙的厚度、单线或双线的问题不考虑。

**请问，要如何安装才能达到使用最短电线的要求？**

## 49. 牧场主人分牲口　　　　难易程度：★★★☆☆

年事已高的牧场主人把几个儿子召集起来，告诉他们，在他有生之年，想把饲养的牲口分给他们。他对老大说："乔治，你能照看好多少牛，就领走多少；你妻子雪莉可以获得剩下的 1/9。"又对老二说："比尔，你可以得到的牛比乔治多 1 头，因为由他先挑选；你的妻子莎拉可以得到剩下的 1/9。"对老三说："汤姆，较肥的牛被挑走了，所以分给你的头数比比尔多 1 头，给你妻子贝丝的，也是剩下的 1/9。"对于其他的儿子们，牧场主也是如此分配，直到牛被分完。

牧场主人接着说道："因为马的价钱是牛的 2 倍，我打算通过分割马的头数，让每家获得的牲口价值大致相等。"

**请问，牧场主人有几个儿子？每家可以分到多少牛和马？**

## 50. 知难而退的卡尔　　　　难易程度：★★★☆☆

男孩卡尔总是自以为是，觉得自己很聪明，没有他不知道的事情。他不懂得天

117

外有天，人外有人的道理，终于在一次和瓦工的对阵中惨然落败。

有天，卡尔向瓦工出了道题："如果一块砖的重量是另一块砖的 3/4 和 1 磅的 3/4，请问这块砖有多重？"瓦工没有回答卡尔的问题，他说："每个人都应该各安其位；你的专长在数学，我的专长在梯子上。所以如果你能正确回答我的问题，我才会同意去猜你的谜题。"卡尔爽快地答应。瓦工接着说："你说说爬上这把有 9 阶的梯子，再爬下来，再爬上去；也就是在地面 2 次，在梯子的每一阶 2 次，在梯子顶部 2 次，至少需要几步？记住每一步的高度必须相等，每一步都代表 1 次。"卡尔面对这个问题，知难而退，从此再也不敢炫耀自己的聪明了。

**你能算出正确的答案吗？**

## 51. 旅人渡河

难易程度：★★★★☆

有 3 对夫妻到野外郊游，在回来的途中遇到一条河，河面上只有 1 艘小船，1 次也只能载 2 个人过河，而女士都不会划船。由于黑人丈夫和另外 2 位男士有很深的矛盾，他坚决不肯与他们一起过河，他的妻子也坚决不肯和另外 2 位男士的妻子一起过河。那么要如何做才能让交恶的两方不一起过河，也不同时待在同一边岸呢？题目要求 1 个男士不能同时和 2 个女士待在同一边岸上。

**请问，小船必须来回多少次才能将所有人运送至对岸？**

## 52. 跑跑狗和跳跳猫

难易程度：★★★☆☆

跑跑狗和跳跳猫比赛，路程是从一棵树到树桩，再从树桩跑回这棵树，总路程大概 225 英尺。跑跑狗每跳跃 1 次越过的距离为 5 英尺，跳跳猫是 3 英尺。但是跳跳猫每跳跃 5 次的时间，跑跑狗只能跳跃 3 次。

**你认为比赛谁会赢？**

## 53. 所罗门神庙

难易程度：★★★★☆

传说所罗门神庙是有史以来最雄伟的建筑物，建在巴勒斯坦的摩利亚山上。由于建筑师和工匠们巧夺天工的设计，这座庞大建筑物在建成时，都听不到任何锤子、锯子和凿子的声响。

所有石块的打磨都是在采石场完成的，石块比例完美、大小精确，可以轻易放进需要的位置，不需要使用任何工具，也不会产生任何噪音。一块块大理石，有的

Chapter 1
数字运算游戏

Chapter 2
平面图形分析

Chapter 3
立体空间推理

Chapter 4
纯粹逻辑推理

答案

体积庞大,靠着牛群从神庙所在地拉到方圆 1 英里以外的地区,再靠人力,沿着陡峭的山路,搬运到高达 880 码的地方。

由于神庙的主体是由多块 1 英尺大小(以前 1 英尺等于 18 英寸)的正方形大理石所建成,这些正方形大理石每块重 632 磅,这足以说明当时挑夫的气力和耐力。

巨石是由 3 个挑夫抬着搬运的。走在前面的挑夫手握担架,离大理石约 36 英寸。那么后面 2 个挑夫应离大理石多远,才能使每个人分配的重量相等?

3 个挑夫的正确位置,对解决这个问题也有启发意义。所以必须思考,以确定大理石的重量是否被平均分配。

**你能算出每个人所承受的重量吗?**

## 54. 成双成对列队法

难易程度:★★★☆☆

拿破仑不到 10 岁,已经训练一群市井顽童,教他们如何使用武器,并开创著名的"成双成对列队法"。这种列队方式总是让"军校学生"感到困惑,难以掌握。

在这种列队中,士兵要保持举枪敬礼的姿势,士兵与红十字会的护士交替站位。要求每次只移动相邻的 2 人,将 4 个士兵和 4 个红十字会护士分开,但仍像原来一样,8 个人排成一排。

这项任务要求:指挥官按照底下的字母进行指挥,每次移动 2 个人,如此 4 步之后(他们之间的顺序不能颠倒),所谓 1 步,是指相邻 2 个人一起挪动到其他位置,使男和女彼此分开。

你知道该怎样完成这个任务吗?

## 55. 撞球游戏

难易程度：★★★☆☆

鲍伯和朋友布鲁斯一起玩撞球。满分为 100 分,鲍伯先让布鲁斯 20 分。这时,吉姆走进来,建议来一场 3 人 200 分的游戏,布鲁斯让他 25 分。

接下来的讨论一直围绕着鲍伯应该让吉姆多少分? 两个专业玩家居然都解决不了这道简单的问题:假如 A 让 B 20 分,B 让 C 25 分,那么在一场满分为 200 分的游戏中,A 应该让 C 多少分?

**你知道正确答案吗?**

## 56. 13 个木球瓶

难易程度：★★★☆☆

古代丹麦有一种滚球游戏,将 13 个木球瓶在地上排成一行,用 1 个球猛击其中 1 个木球瓶或相邻的 2 个木球瓶。由于击球者距离木球瓶很近,玩这种游戏无须特殊技巧,可随心所欲地击倒任意 1 个或相邻的 2 个木球瓶。比赛者轮流击球,谁击倒最后 1 个,谁就是赢家。

比赛时,假定选手可以随心所欲地击倒 1 个或 2 个相邻的木球瓶,如此轮番上阵,每次都能击倒 1 个。

与汉森进行比赛的是位身材矮小的朋友,他刚击倒第 2 个木球瓶。汉森应该在 22 种可能中做出抉择,要么击倒 12 个木球瓶中的任意 1 个,要么把球向任意 1 个木球瓶投去,以使能 1 次同时击倒相邻的 2 个。假定比赛双方都能随便击倒其中 1 个或相邻的 2 个木球瓶,且双方都是足智多谋的游戏老手。

**为了赢得这局比赛,汉森应该怎么做才会赢?**

## 57. 14 和 15 谜题

难易程度：★★★★☆

著名的 14 和 15 谜题,就是将 15 个方块按照顺序排列在正方形中,只有 14 和15 两个字数字的顺序是颠倒的(如图所示)。游戏规则是左右移动方块,1 次只能移动 1 块,使 14 和 15 的位置能互换。这道题目的神奇之处,就在于无人能够回想出他们解出谜题的步骤。

请回答下面的问题:

其一,如图,移动数字,使其按照顺序排列,最后空格在左上角,而非右下角。

其二,移动方块,使其形成 1 个神奇的正方形,且 10 个不同方向上的数字加起来都等于 30。

**你能正确解答吗?**

## 58. 杂耍表演　　　　　难易程度:★★★☆☆

杂耍表演时,佐藤姑娘在梯子上展示其平衡绝技。请问,佐藤姑娘爬上、爬下、再爬上梯子,需要多少步(即 2 次到达梯子顶端,1 次在地面上)。

在另一边,著名的刀客山本先生只用了 1 刀就将 1 个西瓜"大卸八块"。事实上,山本先生在表演之前,先找了 1 个西瓜切割成 8 块,然后再将它们拼合。

**你能算出佐藤姑娘需要爬多少步吗? 还有如何将切下的 8 块拼成 1 个正圆?**

## 59. 掷骰子游戏　　　　难易程度:★★★★☆

迷糊王正在和来自婆罗洲的野人掷骰子,可是手气不佳。在布加洛斯掷骰子游戏中,骰子往空中一丢,其他人记下骰子着地后正面所显示的数字,然后挑选其他四面中的一面,其他三面上的数字归对手,底部的数字不算。最后野人以 5 点的优势战胜了迷糊王,赢走迷糊王的财宝。迷糊王掷的骰子中,正面朝上的一定是哪个数字,才能让野人赢够 5 点?

莎拉公主一直在旁边做记录,最后结果显示迷糊王是输家,且如果将数字转换成布加洛斯制之后,会显得更大。婆罗洲的野人只有 3 根手指,所以他们采用六进制计数;也就是说,十进制中的 7、8、9、10,他们是不使用的。现在请将 109、778 转化成布加洛斯记数,这样那些不懂 7、8、9、10 的野人才能知道他们到底赢了多少金币。

**你能算出正确答案吗?**

## 60. 手指上的数字　　　　　　　难易程度:★★★☆☆

这是个双人玩的古老小游戏,玩家使用一个计算器,轮流出数。一人在手指代表的任何一数字上放一个标记物,然后说出那个数字(如 5);这时另一人将标记物移至另一个数字(如 4),再将两者相加说出得数 9。随后一人又将标记物放在 5 上,这时得数为 14;另一人在将标记物放在 3 上,得数为 17。游戏就这么一直继续下去,直到其中一方得到 35 而获胜。任何一方只要超过 35 就算输了。

这游戏玩的时候可以使用一个戒指。记住拇指永远代表 5,食指代表 1,以此类推。

**请问,一开始应该挑选哪个数字才能获胜?**

## 61. 建筑师与牢房　　　　　　　难易程度:★★★☆☆

典狱长将新牢房的平面图给建筑师看,说:"我想对此方案稍作修改,这样我在墙角牢房的办公室就能以最短的距离巡视整个监狱。"

这位建筑师拿起一把剪刀,一边说他早年就对监狱的内部结构了如指掌,一边将平面图剪成两半,然后又将其拼合,说:"这样一弄,占地相同。门设置在每个牢房墙壁的中央,整排牢房都可以一览无遗。且在查看过整个牢房,回到起点之后,每个牢房只需巡视一遍。"建筑师展示了改进的方案,并让典狱长实际体验。典狱长非常满意。

**请问,建筑师是如何剪裁这张平面图的?**

## 62. 邮差的最佳路线      难易程度：★★★☆☆

如图所示，邮差艾伦很辛苦，一次要跑 6 个街区，所以他必须争取时间，选择最短的路线。至于从哪里开始，到哪里结束，艾伦可以自行决定。但是有一点，如果要转弯，只能向右，不能向左。假设长街区在 A、B、C 大道上，短街区在第一、第二、第三、第四大道上。

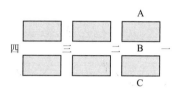

请问，邮差艾伦应该如何规划路线？

## 63. 最佳数字      难易程度：★★★☆☆

著名的"25 点"，是种双人掷骰子游戏，规则是谁能先拿到 25 点就获胜，或者谁让对手先超过 25 点谁就获胜。第 1 个玩家可以随意从 1～6 中算一个数字，称之为"定调"。假设他决定以数字"5"开始游戏，然后第 2 个玩家掷骰子，假设点数是 3，结果就是 8。现在骰子就暂时不掷了，接下去是计算。第 1 个玩家看了骰子周围的 4 个数字：1、2、5、6。假设选了 6，结果变成 14，然后第 2 个玩家转动骰子，假设选择点数 4，结果就变成了 18。第 1 个玩家再转到 6，总数就变成了 24，这时第 2 个玩家就赢了，因为对手从周围 4 个数字中无论挑选哪个数字都无法凑成 25。不懂数学的人就只能相信幸运数字了。

**你能通过科学分析得知开始时选哪个数字最理想吗？**

## 64. 胡子先生的谜题      难易程度：★★★☆☆

胡子先生有 12 个老婆，她们的名字分别是：艾蒂、奥丽、玛莉、法蒂玛、莎莉、奥德丽娜、伊迪丝、兹尔伯蒂、亚美尼亚、雪莉、罗丝和露意丝。试着反复读这 12 个名字，研究其发音时嘴唇的特点，假以时日，在别人一张嘴说这些名字时，就能够判断出说的是谁的名字。这是一个有趣的读唇游戏，也是教授聋哑者学会"无声对话"的方法。

下图是胡子先生将他的钥匙串在一个环状的钥匙链上。他把这串钥匙分为 3

组,第 1 组乘以第 2 组等于第 3 组的数字。通过这种安排,胡子先生得以知道钥匙是否被人动过,密室是否有人进去过。图中显示的数字,6 910 乘以 7 不等于 83 452,所以钥匙肯定被人动过。

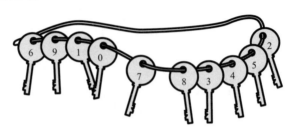

钥匙应如何排列才能让第 1 组乘以第 2 组等于第 3 组。

**你知道上述问题的正确答案吗?**

### 65. 鸡蛋叠金字塔

杂货店老板贝克对新来的员工约翰说:"你已经亲眼看过我搭鸡蛋塔了,你应该知道如何搭了吧!现在我要来考考你,假设每个鸡蛋重 2 盎司,且可以支撑 8 磅的压力。将鸡蛋搭成金字塔形状,最高能搭多少层?"

**你知道到底能搭多少层吗?**

### 66. 罗斯林勋爵赌博法

罗斯林勋爵赌博法,赌法是要基于 7 的倍数。

假设玩家亨利只在红色和黑色上下注(两者机率相等),首先连续下注 7 次 1 法郎,无论赢还是输,赌注都变成 7 法郎,再玩 7 次。接着赌注变成 49 法郎,连续玩 7 次;然后 343 法郎,7 次;再 2 401 法郎,7 次;16 807 法郎,7 次;117 649 法郎,7 次。如果这样一直玩 49 次,玩家就可能赢得 777 777 法郎。

**请问,要赢得 777 777 法郎共要玩多少次?**

### 67. 4 对情侣过河

4 个年轻男子和他们的恋人出游。途中需要用船渡过一条河,而这艘船每次只能载 2 个人。由于年轻人是典型的醋坛子,不能容忍自己的恋人和别的男子待在一起,除非有他在身边;而女孩们也是醋坛子,她们担心恋人会移情别恋。要求当岛上有女子时,男子不能单独渡河,除非这名女子是他的恋人。

假设这条河宽 600 英尺,河的中心有座岛屿。那么这艘船至少要跑多少趟,才能将这 4 对情侣安全地送至对岸。

**请问,这 4 对情侣如何用最便捷的方法渡河?**

## 68. 农夫卖火腿　　　　　　　　　　　难易程度:★★★☆☆

农夫麦伦每年都会准备一马车的火腿,批发或零售给邻里乡亲。

因为火腿的大小差不多,卖的时候不需秤,只要按照每只 1.25 元的价格进行销售。麦伦不喜欢切火腿,但有时顾客只要半只,他也会同意。不过他规定:这样的价格必须是原来的 2 倍。麦伦天性纯朴,从来没有想到,半只火腿的价格和 1 只火腿的价格是一样的。很多顾客的数学比麦伦差,使麦伦以 1 只火腿的价格卖出了很多半只火腿。

某天,农夫麦伦又推着火腿出来卖。这时走来第 1 位顾客,他对火腿的色泽相当满意,一口气买下所有火腿中的一半又半只。之后来了第 2 位顾客,也买下剩下火腿的一半又半只。第 2 位顾客非常热心,带着农夫去另一个地方卖,在那里,农夫很快卖掉剩下火腿的一半又半只。

随后,农夫麦伦来到一间大旅馆。店主不在家,农夫成功说服老板娘买下剩下火腿的一半又半只。告别了旅馆,农夫继续往前走,在还没走到 3/4 英里时,碰见旅馆老板和他的朋友。旅馆老板不知道妻子已经买了火腿,于是又买剩下火腿一半又半只,且推荐他的朋友也买剩下火腿的一半又半只。农夫的火腿终于卖光了。

**请问,农夫的火腿共卖了多少钱?**

## 69. 岛上的葡萄园　　　　　　　　　　难易程度:★★★☆☆

在殖民时代,身强体壮的被殖民者彼得和他的小女儿爱莎,在一座荒芜岛屿进行一项艰苦的任务——开垦岩石类土壤,并将其变成葡萄园。做为报酬,彼得给爱莎一块 1/6 英亩的土地,供她自用营生。

爱莎在这块土地上栽种葡萄,按照传统习惯,每行普遍相隔 9 英尺,并按照方法对葡萄进行培植。随着时间的推移,爱莎的葡萄园变得枝繁叶茂,成为岛上产量最多的葡萄园,且还不断出产珍稀的品种,让爱莎的葡萄园远近驰名。

1 英亩等于 208 平方英尺又 710/1 000 平方英寸,所以 1/6 英亩等于 52 平方英尺又 2 平方英寸。一般来说,70 平方码为 1 码,而在农村 210 平方英尺为 1 英亩。

假设每棵葡萄的间隔不少于 9 英尺。

**请问,在 1/6 英亩的正方形土地上可以栽种多少葡萄?**

## 70. 考古三角形　　难易程度:★★★★☆

帕兹尔特国王和英格玛公主一直在调查所罗门王著名的印记,这个印记刻在皇陵的墓碑上。

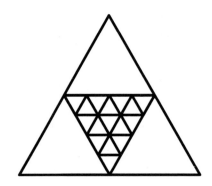

他们想确定在这个图案中究竟有多少个等边三角形。

国王为这个问题耗费不少精力,他不是在数的时候总是出错,就是忘了刚才数到哪里,于是找来英格玛公主帮他解决这个难题。2 人齐心协力,终于找到了正确答案。

**你知道这个图案有多少个等边三角形吗?**

## 71. 总统提名棋盘游戏　　难易程度:★★★☆☆

右页图为 1908 年美国总统选举设计的礼品,当时曾引发轰动。

棋盘上的每个人都是总统提名候选人,必须拿走 8 人,只剩 1 人在中央格子上。规则是要求用最少步数去完成。所谓 1 步是指:将 1 个候选人或上或下,或左或右或斜向,走到相邻的格子;或是像跳棋那样,或上或下,或左或右或斜向,跳过紧邻的人进入空格,被跳过去的人必须从棋盘上拿走。可以用钮扣或硬币来代替这 9 个人。

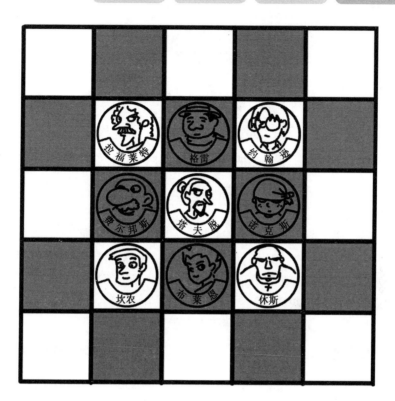

下面是个十步解法：(1)费尔邦斯跳过拉福莱特；(2)塔夫脱跳过休斯；(3)约翰逊跳过诺克斯；(4)塔夫脱跳过约翰逊；(5)坎农跳过塔夫脱；(6)坎农跳过格雷；(7)费尔邦斯跳过坎农；(8)布莱恩跳过费尔邦斯；(9)布莱恩向右下方斜走一格；(10)布莱恩走到中央格子。

**你能用更少的步数解出答案吗？**

## 72. 伦敦塔的守卫 难易程度：★★★★☆

比尔正在思索著名的伦敦塔问题：在塔的平面图上，用英文字母 A、B、C、D、E 表示 5 名守卫。只要枪声一响，表示太阳已经下山。守卫 A 就得从 A`出口走出去，守卫 B 要跑到 B 出口，守卫 C 要到 C 出口，守卫 D 要到 D 出口，而守卫 E 则要从他目前所在处跑到 F 小格间。

必须求出 5 名守卫的行进路线绝不相交。换句话说，任何一个小格间都不允许有 1 条以上路线穿过。每名守卫从一小格间到另一小格间都要经过图上所示的门户。

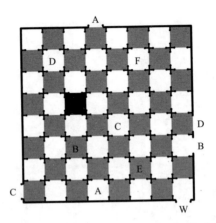

每天午夜时分,伦敦塔的守卫要进入门上标有 W 的房间,然后踏着庄严的步伐去查夜,他必须穿越 64 个房间,最后到达那间黑色房间。经过长期反复的实践,守卫已经发现一条路线,任一房间都不必经过 2 次,而且拐弯次数最少。

**你知道最少要拐几次弯吗?**

## 73. 鸡蛋连连看

把 9 个鸡蛋放在桌子上,使每 3 个鸡蛋在一条直线上,这样的直线越多越好。亨利连出了如下图所示的 8 条线。

接着要求通过所有鸡蛋的中心,画出一条由最少的线段连成的连续折线。亨利画了 6 条线段,算是勉强的解答。

**请你动手连接看看,最少要有几条线段?**

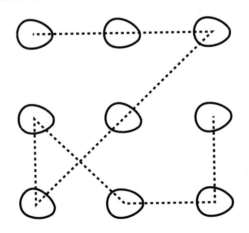

## ７４. 牌会玩家的座位

难易程度:★★★★☆

惠斯特游戏很简单,就是如何安排玩家坐在 5 张桌子上。

当时有 5 对夫妻和 5 对情侣正在比赛(从上依逆时针顺序)。第 1 桌:汤米、史密斯先生、芮莉、史密斯太太;第 2 桌:哈利、琼斯先生、朵莉、琼斯太太;第 3 桌:乔治、布朗先生、明妮、布朗太太;第 4 桌:比特、克拉克先生、凯蒂、克拉克太太;第 5 桌:查理、怀特先生、贝蒂、怀特太太。

如何安排让每对玩家在每张桌子上轮坐 1 次?

假设史密斯夫妇是搭档,在每桌玩 1 次;汤米和芮莉也是搭档,对家是一对夫妇,如此等等。每一组都不能在同一桌玩 2 次,也不能和相同的对手玩 2 次。

这是惠斯特游戏中一种常见的玩法,主要是来检验每队的实力。在 16 人之间做 4 次变动,在 20 人之间做 5 次变动,以及在 28 人之间做 8 次变动都是比较简单的。但是从来没有看过如何在 24 人之间做 6 次变动。

**你能解出正确答案吗?**

## ７５. 更短的路线

难易程度:★★★★☆

试着将图中右边男孩手中的大象旗剪裁成几个部分,再将它们拼凑在一起,使得大象的位置位于旗子的正中央。

再看左边这张果园规划图纸,上面有 8 棵苹果树(用图中的果子代替),每个果子上都标注数字。如何从 16 棵果树中的任意一棵开始,通过最短的线路到达上方的心形位置?

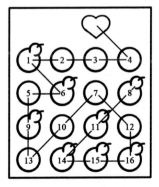

**你能再找一条比图中标示更短的路线吗?**

## 76. 青蛙金字塔

难易程度：★★★☆☆

生物实验室里，哈鲁教授把他所有的动物都拿出来给学生参观，同时把青蛙拿出来，并指挥它们搭成1座金字塔，即最大的青蛙在最下面，每只青蛙只能跳到比它大的青蛙上面，并且1次只能跳1步。

接下来，哈鲁教授提出下面的问题请学生回答：如果这些青蛙最终可以搭成1座金字塔，至少需要跳多少下？

你知道正确答案吗？

## 77. 快乐的三兄弟

难易程度：★★★☆☆

汤姆家快乐的三兄弟正在玩硬币游戏，游戏方式是摆放10枚硬币，每格放1枚，每行放的硬币数必须得是偶数。在计算行数时，横排、直排和斜排都得算。

三兄弟很快就给出了正确答案，但是却不愿意对人说。

试着重新摆放硬币,尽可能排出更多偶数行。

**你能排出几行呢?**

## 78. 玛莉的包心菜

难易程度:★★★☆☆

玛莉很疼爱邻居的小孩鲍伯,鲍伯正值青春期的发育阶段。玛莉种了16颗包心菜,想送给鲍伯6颗,让他多吃新鲜蔬菜。玛莉的包心菜园的排列是14排偶数个,如果她想让鲍伯拿走6颗,形成16排偶数个,那她应该要怎么做?

玛莉又想到另一个问题:如何将一个正方形分成6个,且如何才能做到在最大的正方形地里的包心菜数目最多?

**你能帮玛莉想想吗?**

## 79. 丹麦十字架国旗

难易程度:★★★☆☆

美属维尔京群岛是由圣约翰岛、圣托马斯岛和圣克罗伊岛组成,是1493年哥伦布发现的岛屿之一。但是在漫长的几个世纪里,都被认为是没有价值的岛屿,所以当有些失事的丹麦船只在岛上升起自己国家的旗帜,发出求救信号时,这些岛屿也无可争议地归丹麦所有,且根据惯例,以海员的守护神为之命名。

丹麦的国旗并不多见,很多人并不知道它是红底印有一个白色的十字架。红色的部分和白色的部分大小相等。

假设国旗为5英尺宽,7.5英尺长。试着找到简易的方法,计算出白色十字架的宽度,以使十字架正好为整个国旗面积的一半。

**你能算出正确答案吗?**

## 80. 射击苹果比赛

难易程度：★★★☆☆

业余射击爱好者罗宾在 105 英尺远的地方，用枪射中赛德身上放着的苹果。罗宾向大家展示了自己高超的本领，在这次苹果射击比赛中得到 100 环的成绩。

为了得到这 100 环，罗宾应该去射哪几个苹果？挂着赛德帽子的旗杆的高度是多少？

**你知道正确答案吗？**

## 81. 小猫学习几何

难易程度：★★★★☆

调皮的比尔正在院子里教他的猫学习几何知识。他让小猫从 A 点出发，通过最短的路线到达 Z 点，并保证如果沿着这条路线走，一定可以抓到家里所有的老鼠。请问，哪一条是既符合要求又是最短的路线？

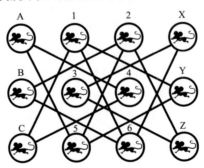

Chapter 1
数字运算游戏

Chapter 2
平面图形分析

Chapter 3
立体空间推理

Chapter 4
纯粹逻辑推理

答 案

在小猫学习几何知识的同时,比尔也注意观察伦敦教堂的大钟,他思考:"如果大钟敲击 6 次需要 6 秒钟,那么敲击 12 次需要多长时间?"

这两个问题并没有必然的关系。

**你知道答案分别是什么吗?**

# 82. 火鸡与人的比赛

难易程度:★★★★☆

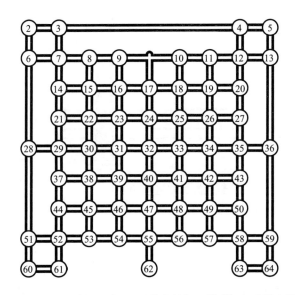

棋盘游戏真有趣。如图所示,在 7 号位置放 1 枚棋子,假设是一只火鸡,然后在 58 号位置放 1 枚棋子,代表一个人。约翰移动"火鸡",汤姆移动"人",两人依次轮流移动,允许棋子在直线方向任意行走,距离和方向均不受限制。共有 15 步棋可供选择,但是如果越过由对手守卫的位置,就输了。

例如:如果"火鸡"从 7 号位走到 52 号位,则"人"可以马上抓住"火鸡";如果"人"从 58 号位出发,走到 4 号位,那么"火鸡"可以在 12 号位抓住"人"。游戏的目的就是要抓住对手,但无论谁先走,"人"总能抓住"火鸡"。请问,"人"需要采取什么策略才能获胜?

走法同上,开始时,"火鸡"在 7 号位,"人"在 58 号位,"火鸡"固定不动,要求"人"用 24 步抓到"火鸡",且必须经过棋盘上的每一格。请问,应该要怎么走?

**你知道答案分别是什么吗?**

## 83. 字母趣题

这是道关于字词的趣题,类似 15 个数字的游戏。在图中,两条滑槽相交,竖滑槽里有 12 个木块,共写了 12 个英文字母。这道题目的要求是:将竖写的句子变成横写。变成横写时,木块间的位置不能变动。

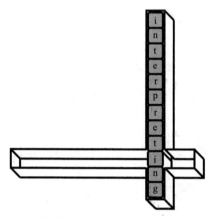

请问,最少需要多少步才能达到上述要求?

## 84. 远洋战舰问题

舰队指挥官杰克森向上级汇报舰队的情况时,上级向他提出一个刁钻的问题:

在国家远洋战舰试航中,出现一种情况:10 艘战舰排成 2 排,成列向前推进。舰队在遇到 4 艘敌军军舰后,可以立即调整位置,调整后的舰队在每个方向都会有 4 艘战舰。

杰克森的上级显然是在考验他的临时应变能力,以判断他是不是一个合格的指挥官。

**如果只透过调整其中 4 艘军舰的位置来实现这个目的,杰克森应该如何做?**

## 85. 狐狸运送玉米

农夫带着 1 只狐狸、1 只鹅,还有一些玉米,准备要过河,但是他遇到了麻烦。农夫没有船,他、狐狸和鹅必须游过河,且狐狸需驮着玉米过河。袋子中有 12 根玉米,狐狸每次只能驮 3 根。

**请问,狐狸需要来回多少趟才能将全部玉米运过去?**

## 86. 第 1901 号绘图

难易程度：★★★★☆

画展开幕的那天晚上,有位年轻女士看着编号 1901 的作品,问她的随从:"我想知道,这幅画的作者想表达什么?"她的随从曾经多年设法想让自己的油画被该展览接收尚未成功。他回答道:"我不是很清楚,但我觉得用 3 年时间来完成这幅画应该差不多了。"此外,有 2 位画商对这件作品也很感兴趣,第 1 位画商说:"我想知道展方为什么选择挂这幅画?"第 2 位画商说:"或许因为他们不能把艺术家给挂起来吧!"第 1 位画商提出一个值得思考的问题:"你想想看,给这幅画取个什么名字比较好呢?"第 2 位画商的回答真是太睿智了,他的表述完整呈现了问题的本质。

你认为这幅画取什么名字比较适合呢?

## 87. 男孩爬杆

难易程度：★★★★☆

柯尼岛举行一场开幕式,有位黑人男孩能以飞快速度攀爬上 1 根抹有润滑油的杆子。男孩每 6 分钟能向上攀爬 6 英尺,接着休息片刻,但这样他将下坠 3 英尺。如此循环往复"攀爬、休息、攀爬、休息"的过程,直到抵达杆顶。

**请问,男孩爬杆的总时间是多少? 杆子有多长?**

Chapter 1
数字运算游戏

Chapter 2
平面图形分析

Chapter 3
立体空间推理

Chapter 4
纯粹逻辑推理

答案

## Chapter 1　数字运算游戏

**1.** 只要击中标有数字 25、6、19 的气球,就能凑到 50 点。

**2.** 每次降价的幅度都是原来的 3/5,也就是说,降价后的价格是原来的 2/5。因此,下次降价就是 $1.28 \times 2/5 = 51.2$ 美分,也就是鞋子的成本价。

**3.** 假设投赞成票的人数为 $x$,投反对票的人数为 $y$。解方程式得 $x = 84$,$y = 63$,所以参加投票的人数为 $84 + 63 = 147$ 人。

**4.** 令身上数字 6 的学生倒立,这样数字就会变成 9,而 931 便能够被 7 整除。

**5.** 由于 2 个小男孩的重量正好等于 3 个小女孩的重量,所以 8 个小男孩的重量等于 $(8 \div 2) \times 3 = 12$ 个小女孩的重量。也就是说,另一端要坐 12 个小女孩,才能够使翘翘板保持平衡。

**6.** 共有 12 件衬衫和 18 件长裤。每件长裤清洗费 2 美元,每件衬衫清洗费 2.5 美元,计算得知,安迪需要支付 39 美元。

**7.** 这题没有标准答案,因为不知道商人雷特最初买车的价格。根据现有的条件,不能正确解答这道题目。

**8.** 1 美元等于 100 美分(Cents)。花店老板有 1 枚 50 美分和 1 枚 25 美分的硬币。他们把所有的钱全放在一起,花店老板拿走 1 张 1 美元的钞票和 1 枚 5 美分、2 枚 2 美分的硬币;莉萨则拿走 50 美分和 1 美分的硬币各 1 枚,以及 10 美分的硬币 2 枚;最后聪明的年轻人拿走 25 美分、2 美分和 1 美分的硬币各 1 枚。

**9.** 两人最初都有 25 美元,安迪以 $15:1$ 的赔率押下赌注 15 美元,赢了 225 美元,使他的赌本增至 250 美元。威廉以 $10:1$ 的赔率押下赌注 10 美元,赢了 100 美元,使其赌本增至 125 美元,正好是安迪的一半。

**10.** 5 张 1 美元,50 张 2 美元、19 张 5 美元,刚好是 200 美元。

**11.** 如果赛马"阿力仔"的赔率是 7 赔 3,下注 3 美元就能赢得本金 3 美元及奖金 7 美元,总共 10 美元。赛马"白帅帅"的赔率是 6 赔 5,下注 5 美元就能赢回本金 5 美元及奖金 6 美元,总共 11 美元。因此,赛马"飞飞"的赔率是 27 赔 83。

如果押"阿力仔"33 美元并且会获胜,就能拿回 110 美元;如果总共下注 110 美元,本金只剩下 110－33－50＝27 美元;而下注 27 美元能拿回 110 美元的话,赛马"飞飞"的赔率必须是 27 赔 83 才可以。这样,不管哪一匹马赢得比赛,都能拿回 110 美元的本金。

**12.** 参加游行的人数是 5 039。

当威尔先生在的时候,人数一定是 2、3、4、5、6、7、8、9、10 的公倍数,取其最小公倍数 2 520,然后减去 1,得到威尔先生离开后的人数。这个结果必须符合"步行每行 11 人",也就是不能被 11 整除的条件,就是正确答案。但是 2 519 能够被 11 整除,所以取下一个公倍数,也就是 5 040,再减去 1,得到 5 039,而这个数不能被 11 整除,同时更大的公倍数必定超过限定的人数 7 000,所以可以断定,5 039 是唯一正确的答案。

**13.** 杰克原本出 25 美分和 10 美分,汤姆出 2.5 美元和 2 美分,杰森出 10 美分和 3 美分。打完牌后,杰克手上有 3 美分和 2 美分,总共输了 30 美分;汤姆手上有 2.5 美元和 10 美分,所以赢了 8 美分;杰森手上则拿着 25 美分和 10 美分,所以总共赢了 22 美分。而杰克最后只剩 5 美分。

**14.** 在分配家产的问题上,富商李逍遥原来的意图就是孩子和母亲所分得的财产比例始终不变。给母亲的钱是给女儿的 2 倍,而儿子的所得又是母亲的 2 倍。因此只要把财产分成 7 等分就可以轻易地完成分配,将其中的 1 份分给女儿,2 份分给母亲,4 份分给儿子。

**15.** 被捐助的共 20 人,每人应得到 6 美元,每周向他们分发的助学金共计 120 美元。如果少来 5 人,每人能得到 8 美元;如果多来 4 人,每人能得到 5 美元。

**16.** 艾尔是以 50 美分/加仑的价格卖出体积为 13 加仑和 15 加仑的两桶油(价值 14 美元)。然后以 25 美分/加仑的价格卖出体积为 8 加仑、17 加仑和 31 加仑的 3 桶醋(价值 14 美元)。剩下的是体积 19 加仑的桶,如果是醋,则价值 4.75 美元;如果是油,则价值 9.50 美元。

**17.** 劳伦斯太太之前有 99 美元 98 美分,现在还剩 49 美元 99 美分,花掉了 49 美元 99 美分。

**18.** 假设肯特把咖啡豆分成 $x$ 小袋,则 $18x$(最终售价)减去 243(总买价)等于

Chapter 1
数字运算游戏

Chapter 2
平面图形分析

Chapter 3
立体空间推理

Chapter 4
纯粹逻辑推理

答案

肯特的利润。每袋咖啡豆的原始买价是 $243/x$ 美元,得出方程式:$18x-243=6×243/x$,得知,$x=18$。因此可知,肯特把咖啡豆分成 18 小袋,按照 18 美元的单价,咖啡豆总价为 324 美元,利润 81 美元。每一袋咖啡豆的原买价是 $243/18=13.5$ 美元,6 袋的总价也是 81 美元。

**19.** 雪莉有 7 便士,皮皮有 5 便士。

**20.** 由于不知道横杆的长度,所以无法计算出每块西瓜田的面积到底有多少英亩。只是要解决这道题目,西瓜田的面积并非一定要知道不可。以横杆的长度为单位,可以算出两块西瓜田的面积比是 209:210,因而王老伯损失的土地是他原有土地面积的 1/210。当然,按照西瓜均匀生长的假设,他也按同样比例损失了西瓜。由于每英亩土地上的西瓜数目是 840 颗,损失的西瓜数目是 840×1/210＝4,因此他共损失 4 颗西瓜。

**21.** 将获胜的人分别超出其他人的票数相加后再加上总票数,最后除以候选人的人数,所得的商就是获胜者的得票数,其他候选人的票数可以在此基础上用减法得出。

也可以假设得票最多者所获得的票数为 $x$,则其他的人得票数分别为 $x-22,x-30,x-73$,再把 4 个人的票数加起来等于总票数 5 219,解方程得出最多者得票数。选票数分别为 1 336、1 314、1 306 和 1 263。

**22.** 749)638897(853

$$\begin{array}{r}
5992 \\
\underline{3969} \\
\underline{3745} \\
2247 \\
2247
\end{array}$$

**23.** 答案有很多:这道题目很多时候是按照题面左下图的方式来解答的,但这不符合题目要求,因其进行了两次加法。其余 6 个答案是使用分数的形式来解答。

**24.** 9 个非零数字之和是 45,45 是 9 的倍数。不管这些数字以及 0 怎么排列而得出两个数,其和一定也是 9 的倍数。另外,把 9 的倍数中所有的数字通通加起来,结果必定是 9 的倍数。所以只要把答案中能看到的数字加起来,此时的结果为 10,再从 18(9 的倍数中大于 10 并与 10 最接近的数)中减去 10,得到的 8 便是被抹掉的数字。

**25.** 这是一道简单的加法和乘法题,答案有很多,不过 2 是个特殊数字,除 2 之外的所有答案都是小数。

**26.** 3 对荷兰夫妇进城买猪,每个人买猪的数量和每头猪的单价是一样的,而每个男人比自己的妻子多花 3 几尼;且克里欧比拉芙玲多买 23 头,克拉克比卡玲娜多买 11 头。因此根据他们各自的花费,可配对出,分别对猪和妻子取平方根,得出卡玲娜花 1 先令买 1 头猪,她的丈夫是伯朗斯,买 8 头猪,每头猪卖 8 先令;拉芙玲按 9 先令的单价买 9 头猪,她的丈夫是克拉克,买 12 头猪,每头猪卖 12 先令;凯恩买 31 头猪,每头猪卖 31 先令,她的丈夫是克里欧,按 32 先令的单价买 32 头猪。

**27.** 如果约翰支付 11 美分,那么另外 2 人也应该支付这么多,所以 11 根香肠的总价是 33 美分。现在雷克有 4 根香肠,值 12 美分,那么他应该得到 1 美分;汤姆有 7 根,值 21 美分,那么他应该分到 10 美分,这样相当于每人为这顿午餐支付 11 美分。然后 3 人平分 11 根香肠,每人分得(3—2/3)根。

**28.** 输赢比率为 125∶108。在选择一个数字后,掷出所有的可能,将会输 125 次,赢 81 次。但是因为有 15 次的可能性能够额外赢得 1 美元;另外,在 3 个骰子点数一样时,能够额外赢得 2 美元,正确答案就是会输 125 次,赢 108 次。而赢得 108 次是所有 216 种可能的一半,这使得有人错误地以为输赢的比率是相等的。如果用所有 6 个数字掷出 3 个不同的数字,这个说法自然站不住脚。但是如果同一个数字出现 3 个,那么押 6 元时只能拿回 4 元。

**29.** 将 9 本《英国史》分 2 排放到书架上,正好可以得到分数1/2、1/3、1/4、1/5、1/6、1/7、1/8 及1/9等,下面这种安排方法可满足所有条件:
5 832/17 496、4 392/17 568、2 769/13 845、2 943/17 658、2 394/16 758、3 187/25 496、6 381/57 429。

当然,其中有些数字也可能会略有出入,但同样能得到相同的结果。

**30.** 从卖鸡蛋糕的人口中所唱的歌谣得知:孩子的总数量必须为偶数,因为男孩和女孩的数量一样。且总共有 3 种不同售价的鸡蛋糕:1 美分 1 个的、1 美分 2 个的、1 美分 3 个的,孩子们总共花 7 美分买鸡蛋糕。假设共有 3 个男孩和 3 个女孩,那么总共可买 6 个 1 美分可买 2 个的鸡蛋糕和 12 个 1 美分可以买 3 个的鸡蛋糕。这样,每个孩子都会分到 3 个鸡蛋糕。或许

Chapter 1
数字运算游戏

Chapter 2
平面图形分析

Chapter 3
立体空间推理

Chapter 4
纯粹逻辑推理

答 案

还可以找出不同的解答,但这却是最好的答案。

**31.** 裱褙工:200 美元;油漆工:900 美元;

水管工:800 美元;电工:300 美元;

木工:3 000 美元;水泥工:2 300 美元。

**32.** 李家的 3 个孩子比张家的 2 个孩子多卖了 220 根棒棒糖,原来的棒棒糖数量是 1 020 根。

**33.** 1 个苹果的价格为 5 美分,1 根香蕉的价格为 4 美分。

**34.** 代理商查理的原始资产为 12 美元的现金和 59.50 美元的酒水。之后他以批发价购入价值 283.50 美元的酒水,那他的起始库存总额为 343(59.50＋283.50)美元。为了盈利,他设定零售价要比批发价高出 10％,这样的话,库存总额便升至 377.30(343×110％)美元。他以零售价售出 285.80 美元的酒水,则剩余酒水价值为 91.50(377.30－285.80)美元。在年终盘点帐目时,应将价值转化成批发价计算,即 83.18(91.50÷110％)美元。全年盈利额为 25.98〔(59.50＋283.50－83.18)×10％〕美元,再加上原始资产:12 美元现金和 59.50 美元的酒水,现有资产总额为 97.48(25.98＋12＋59.50)美元。减去代理商的庸金 14.29(285.80×5％)美元,即为现有库存 83.19(97.48－14.29)美元。这和先前计算的库存总额 83.18 美元相差 1 美分,在制作会计报表时平衡帐目即可。

**35.** 可通过简洁的方法算出结果:

根据题目制作一个数表并稍加观察,就能发现数值之间存在着某些联系。例如:表中的第 3 项和第 5 项相乘后,发现结果等于第 7 项;第 6 项和第 12 项相乘等于第 17 项,第 7 项和第 7 项相乘等于第 13 项,一直到无穷。这个发现似乎给出一条法则,那就是两项的序数相加再减 1 所得结果对应的级数,就是这两项相乘的结果。

根据上面的结论,将第 57 项和第 8 项相乘(57＋8－1＝64),也就是最后一项第 64 项,得到最后一项是 9223372036854775808。现在所有 64 项必须加总。发现算数级数的总和可以通过最后一项的 2 倍减去第一项获得,因此,加总后的和就是这个棋盘命题中所需的麦子数量:18446744073709551615 粒。

**36.** 9 个球洞依次相距 150 码、300 码、250 码、325 码、275 码、350 码、225 码、400 码和 425 码,需要通过连续两杆打出的距离直接将球依次打入球洞中。经由聪明的球手证明:通过 150 码的远击和 125 码的近推的技术,可用 26 杆打完。

**37.** 1 对 5 克拉钻石耳环的交换,每颗值 2 500 美元。1 对 5 克拉钻石耳环的总价值为 5 000 美元,可以交换 1 颗价值 100 美元的 1 克拉红宝石和 1 颗价值 4 900 美元的 7 克拉红宝石。

**38.** 开始时,老板量的 18 英尺绳子是每码短 3 英寸,即共短 1.5 英尺(18－1.5＝16.5)。最后的 2 英尺没有短缺,因为码尺只是末端短缺,而 2 英尺还不足 1 码(16.5＋2＝18.5)。老板给水手的绳子实际长度是(100－18.5＝81.5)英尺,每英尺 2 美分的话,共 1.63 美元。但水手是用假的 5 美元付款,按照每英尺 2 美分付给老板 80 英尺的钱,也就是 1.6 美元,老板找给水手 3.4 美元,加上绳子白给了水手损失 1.63 美元,老板共损失 5.03 美元。邻居要老板把假钞换成真钞,跟老板做生意是赚是赔无关,因为邻居还是用真的零钱兑换给老板。

**39.** 拿错和拿对的机率为 265∶455。

**40.** 如果 1 只小猪的价格是 11 个小钱,应该花费 7 枚圆孔钱和 1 枚方孔钱。

**41.** 根据题中给出的果子分配数据,婷婷、芸芸、娜娜的年龄分别为 9、12、14 岁。因此,770 个果子的分法如下:最小的婷婷分到 198 个,芸芸分到 264 个,年纪最大的娜娜则分到 308 个。

**42.** 威廉购买了 3 盒软糖,共计 12 美分;15 颗巧克力糖,共计 7.5 美分;2 颗口香糖,共计 0.5 美分。

**43.** 售票员刚好差 1 美分找不开老太太手中的 1 美元。从图中售票员手里的硬币数量,可分析出他有 1 枚 50 美分、1 枚 25 美分、1 枚 10 美分、1 枚 5 美分和 2 枚 2 美分硬币。因为图中 2 枚最小的硬币大小一样,可以推断出是 2 枚 2 美分的硬币。

**44.** 山羊和绵羊都是 9 只。9×9＝81,而 81 在镜子里看是 18,18 正好是山羊和绵羊的数目之和。

**45.** 3 个小渔夫得到 3.9 美元的 7 枚硬币分别是:5 美分、25 美分各 3 枚,以及 1 枚 3 美元,丢进井里的正是 3 美元(当时美元硬币的面值为 5 美分、10

Chapter 1
数字运算游戏

Chapter 2
平面图形分析

Chapter 3
立体空间推理

Chapter 4
纯粹逻辑推理

答案

美分、25 美分、50 美分、3 美元)。

**46.** 卡西用 12 美分买到 16 个鸡蛋;也就是说,每打鸡蛋 9 美分。杂货商多给了 2 个鸡蛋,这样 12 美分买到 18 个鸡蛋。价格比原先便宜 1 美分。

**47.** 假设苹蒂开始饮酒时的年龄为 $x$,那么史密斯太太的年龄就是 $2x/3+2+2/3$ 岁,瑞恩的年龄为 $3+1/3$ 岁。当整个家庭的年龄变成 $(4+2/3)x-4$ 岁,即为 100。解方程式得 $x=22+2/7$。

瑞恩现在的年龄为 $3+1/3+x/3$,代入 x 的值,算出瑞恩的岁数为 $10+16/21$ 岁。

**48.** 工头第 1 天的工钱为 1.1 美元,之后的 90 天每天为 1.11 美元。杂工工作 101 天获得了 101 美元的工资。助手第 1 天的工资为 90 美分,之后 100 天工钱为每天 91 美分,101 天的工钱也是 101 美元。所以 303 个工时的工作量,肯尼先生付了 303 美元。

**49.** 假设小狗潘妮 5 年前的年龄为 $x$,那么钱宁女友的年龄为 $5x$。5 年之后,两者的年龄变成 $x+5$ 和 $5x+5$,此时其年龄比为 $3:1$。最后解方程得 $x=5$,即潘妮的年龄为 10 岁,钱宁女友的年龄为 30 岁。

**50.** 给 5 张 2 美分、50 张 1 美分、8 张 5 美分的邮票,共计 1 美元。

**51.** 由于绳子的一部分是另一部分的 5/7,所以总长度 36 米的 5/12 和 7/12 分别是两部分的长度。计算得知,里根太太的是 21 米,川普太太的是 15 米。

**52.** 玩过第 1 轮后,麦克只剩下 40 美元,卡特和罗伯分别有 280 美元和 160 美元。第 2 轮后,麦克有 80 美元,罗伯有 320 美元,卡特有 80 美元。第 3 轮罗伯输了,所以麦克和卡特都有 160 美元。最后麦克是唯一的输家(输 100 美元)。得知,开始时麦克应该有 260 美元,罗伯有 80 美元,卡特有 140 美元。

**53.** 如果第一个工人以每码 90 分的价格修了 $55+5/9$ 码赚到 50 美元,那么另外一个工人(工钱为 1.1 美元)需要多修 6 英尺(1 码=3 英尺)深,同时斜边为 $45+5/11$,才可以赚到 50 美元。

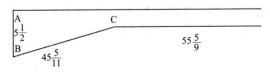

**54.** 已知 3 个新娘的总体重为 396 磅,且 3 个人的体重两两相差 10 磅,故得知,

玛莉的体重为 122 磅,海伦的体重为 132 磅,凯蒂的体重为 142 磅。又知新郎汤姆和他的新娘体重一样,所以玛莉和汤姆是一对,共重 244 磅;海伦和班森(198 磅)是一对,共重 330 磅;凯蒂和安迪(284 磅)是一对,共重 426 磅。

**55.** 在原进价基础上减少 10%,然后再加上 20% 得到的是新售价,新售价为原进价的 1.08 倍,而原售价是原进价的 1.1 倍。两个售价之差是原进价的 0.02 倍,根据题目得知,差值为 12.5 美元。因此也可以算出西服的原售价为 13.5 美元,现在的售价是 13.25 美元。

**56.** 凯瑟琳在大特价的最后一天以 13 美分的价钱买进 10 个盘子,隔两天再将盘子退货,换进 18 个小碟子(每个 3 美分)与 8 个杯子(每个 12 美分),总价 1.5 美元;也就是说,她以 15 美分的价钱退回 10 个盘子。因此在大特价的期间,她的 1.3 美元可以买到 13 个杯子,每个价钱为 10 美分。

**57.** 剩下的动物中有 5 只小狗(零售值 11 只角子)和 2 只小白兔(零售值 2.2 只角子)。7 只动物共值 13.2 只角子。

**58.** 欧弗拉太太用 42(24+18) 美分可以买到 1 磅火鸡和 1 磅鹅。但是史密斯太太各用 21 美分去买火鸡和鹅,却能得到 7/8 磅的火鸡和 1+1/9 磅的鹅,总共为 2+1/24 磅。

**59.** 共有 900 人。假设有 100 辆马车,每辆坐 9 个人,出发时坏了 10 辆,那么每辆马车必须增加 1 人。因此在回程时,只有 75 辆马车是好的,所以每辆马车要坐 12 人。

**60.** 劳伯有 11 头,强森有 7 头,乔治有 21 头,共有 39 头牲畜。

**61.** 包括汉纳自己在内,旋转木马上的孩子共有 13 人。

**62.** 答案是用红军和蓝军喝掉啤酒的差额除以总人数,得出的商就是一队比另一队多的人数。可以找到小于 24,又可以除尽 108 的数字,就是 18。已知红军比蓝军多 6 人,所以红军应为 12 人,蓝军应为 6 人。红军喝掉 216 杯啤酒,蓝军喝掉 108 杯啤酒。

**63.** 汉克开始时有 30 美元,吉姆有 48 美元。汉克的钱翻了 1 倍之后有 60 美元,吉姆就只剩下 18 美元。吉姆将剩下的 18 美元全部押在最后一局上并赢了,这样他手里有 36 美元,而汉克有 42 美元。如果汉克和吉姆要拿回各自的本钱,汉克要退给吉姆 12 美元。

**64.** 6 次的成绩应为 17＋17＋17＋17＋16＋16＝100。

**65.** 设 $x$ 为饲养费,得出如下的方程式:$x－34＝13＋x/4$,因此可求出 $x$ 值为 62。用 62 减去进出差价 34 美元,于是算出汤姆实际上亏了 28＋2/3 美元。

**66.** 由于守财奴哈鲁能够把不同面值的金币平分成 4、5、6 堆,所以每种面值的金币他至少都有 60 枚,总值应为 2 100 美元。

**67.** 首先将闰年理解为 52 周又 1 天 6 小时,即 52＋5/28 周。因为需要 28 年又 5/28 周才能循环 1 次,所以用 28×(52＋5/28)＝1 461 周,作为以周六结束的年的循环周期。由于硬币数量必须是能被 4、5、6 整除的数,因此周数也必须被 60 整除,所以用 1 416×20＝29 220,然后再将其除以 (52＋5/28),即为 500 年。也就是说,修道院 500 年前开始募集硬币。

**68.** 钓到鱼的数量可以是 33～43 条之间的任一数字,因为 A 钓到的可能是 0～11 条,而其他人钓到的鱼也可由此推算出来。但由于最后每位男孩都分到同样多的鱼,所以可能是 35 或 40。如果尝试计算,就会发现这两个数字可以满足所有的条件。于是可以求得,A 钓到 8 条鱼,B 钓到 6 条鱼,C 钓到 14 条,D 钓到 4 条,E 钓到 8 条。当 B、C、D 把他们钓到的鱼合在一起后又分成 3 份时,每人可分到 8 条鱼。之后不管他们怎样合起来分鱼,每人分到的鱼一定是 8 条。

**69.** 共享了 336 先令。可以各买 48 挂黄色和红色的香蕉,共 96 挂。但 168 先令可以买到 56 挂黄香蕉,另外的 168 先令可以买到 42 挂红香蕉,共 98 挂。因 3/7 与 1/2 的差为 1/14,所以如果 1/14 为 24 先令,则总数为 336 先令。

**70.** 至少可以构成 92 160 种不同的表链,且没有重复。

**71.** 春天时,买来 12 只小鸡,其中 10 只母鸡,2 只公鸡。秋天时,可以得到 10 窝小鸡,每窝 12 只,其中一半公鸡、一半母鸡。按这样计算顺推,到儿子计划的时间,他将拥有 6 468 只小鸡。

**72.** 各有 100 颗弹珠。

**73.** 普通股的价值为 6 000 000 美元。

**74.** 哈罗德军队有 13 个方阵,每个方阵由 180×180 人构成,即为 421 200 人。如果哈罗德本人加入该方阵,能形成一个每边 649 人的大方阵。

**75.** 麦可夫妇共养了 300 只鸡,鸡饲料足够维持 60 天。300×60 得到可供消耗的鸡饲料为 18 000 个单位。如果按照麦可的算法,再卖掉 75 只鸡,那么还剩下 225 只,18 000 个单位的鸡饲料能够维持 80 天,比 60 天多出 20 天。如果按照凯玲的想法,再买进 100 只鸡,那么 18 000 单位的鸡饲料只够 400 只鸡使用 45 天,比 60 天少 15 天。

**76.** 混合茶中使用 30 磅每磅 500 元的茶叶,10 磅每磅 300 元的茶叶。

**77.** 哈里一共工作(16+2/3)天,旷工(13+1/3)天。

**78.** 吉姆原有 719 个西瓜,他以 1 美元买 12 个的价钱卖出 576 个西瓜,得 48 美元。余下的 143 个西瓜以 1 美元 13 个的价钱卖出,得 11 美元。得知,719 个西瓜共卖了 59 美元。

**79.** 5 329.4768 美元。第一年的利息是贷款总额的 5%,第二年的利息是扣除第一年归还的本金之后的贷款余额的 5%,依次递减。

**80.** 由于克兰西得到 50 美元的大麦,所以琼斯应该得到约 33.33 美元的大麦,折算成小麦应该是 533.3 蒲式耳(1 蒲式耳=8 加仑,1 蒲式耳=4 配克)。

**81.** 问题一:如果把赔率变成机率值,河马跑第一的机率是 1/3,犀牛跑第一的机率是 2/5。因为三者获胜的机率相加一定是 1,所以长颈鹿跑第一的机率是 4/15,或说对长颈鹿的赔率是 4 赔 11。

问题二:长颈鹿将超过河马 23/64 英里。假设长颈鹿 1 小时跑 2 英里,那么犀牛在同样时间里能跑 7/8 英里,或说 16/15 小时跑 2 英里。而当犀牛跑 2 英里时,河马能跑 3/4 英里,或说河马 1 小时跑 105/64 英里。而 2 英里等于 128/64 英里,只要从中减去 105/64,就能得到答案。

**82.** 妙丽是瑞瑞的妹妹,两人共有 4 个杯子蛋糕;翠翠是轩轩的妹妹,两人共有 10 个杯子蛋糕;小不点是安安的妹妹,两人共有 6 个杯子蛋糕;如蕙是小凯的妹妹,两人共有 12 个杯子蛋糕。

**83.** 第 1 张图说明 4 名壮男的拉力正好等于 5 名胖妞的拉力。第 2 张图说明 1 对苗条的双胞胎的拉力与 1 名壮男加上 2 名胖妞相抵,因此可以把第 3 张图中的双胞胎换成与其拉力上相同的人,即换成 1 名壮男和 2 名胖妞。也就是 5 名胖妞、1 名壮男与 1 名胖妞、4 名壮男对决。

然后从左边去掉 5 名胖妞,右边去掉 4 名壮男,得出右边只剩下 1 名胖妞

Chapter 1
数字运算游戏

Chapter 2
平面图形分析

Chapter 3
立体空间推理

Chapter 4
纯粹逻辑推理

答 案

来对付左边的 1 名壮男。结果:左边的队伍获胜,因左边比右边的队伍多出 1 名壮男力量的 1/5。

**84.** 比尔 34 美分,琼斯 14 美分。由于琼斯分食 1/12 的西瓜,他需要为这部分付给比尔 4 美分。

**85.** 3 个骰子点数的变化有 216 种方式,其中 42 种的点数之和为 7 和 11,所以获胜的机率为 42∶216。

**86.** 菲力投资 4 500 美元,而威力投资 3 000 美元。所以菲力分了 2 000 美元,威力则收下剩余的 500 美元。

**87.** 最大的孩子得到 1 枚 50 美分的硬币,第 2 个孩子得到 2 枚 2 美分的硬币,第 3 个孩子得到 1 枚 2 美分和 2 枚 1 美分的硬币。

**88.** 每位缪斯原先有 48 个金苹果,每位美惠女神有 144 朵玫瑰花,每种颜色各 36 朵。每位缪斯给每位美惠女神 4 个金苹果,每位女神又回馈每位缪斯 12 朵玫瑰花(每种颜色各 3 朵)。如此互赠之后,每位女神都有 36 个金苹果与 36 朵玫瑰花(每种颜色各 9 朵)。

**89.** 威廉有 2 500 美元,妻子乔丝有 3 333.333 3 美元,小树林和小溪总值 833.333 3 美元。

**90.** 假设史密斯先生买帽子花 $x$ 美元,买西装花 $y$ 美元,史密斯太太买帽子的价格也是 $y$ 美元,而裙子的价格为 $x-1$ 美元,2 人共花 $x+y+y+x-1$ 美元。已知 $x+y=15$,得知 2 人共花 29 美元。

史密斯先生买西装花 8.5 美元,买帽子花 6.5 美元,史密斯太太买帽子花 8.5 美元,买裙子花 5.5 美元。若是两人分别花掉 14.5 美元,史密斯先生应该买 1 顶 6 美元的帽子,史密斯太太买 1 顶 9 美元的帽子,史密斯太太买帽子的钱,正好比史密斯先生多一半。

**91.** 杜克拿到 8 836 美元,他老婆莫莉拿到 5 476 美元,他们的儿子布朗拿到 2 116 美元。劳伯分到 16 129 美元,他老婆美妮拿到 12 769 美元,他们的女儿爱玛分到 9 409 美元。强森得到 6 724 美元,他老婆琳娜分到 3 364 美元,而他们的儿子乔治只拿到 4 美元。

**92.** 年金为 35 美元。第 1 年,伊丽莎白的年龄是 10 岁,苏珊 8 岁,珍妮 2 岁。3 人分别得到 17.5 美元、14 美元、3.5 美元。第 6 年,她们的年龄分别是 15 岁、13 岁和 7 岁,加起来 35 岁。3 人分别得到 15 美元、13 美元和 7 美元。

**93.** 莎莉原本有 42 美分。这个问题可以倒推法得出答案。

**94.** 萨拉阿姨最后剩下 321 颗花生。

**95.** 老太太总共买了 2 条鞋带、8 个别针、16 条手绢。

**96.** 应为(213－1)次,即需要移动8 191次。

**97.** 进价分别是 150 美元、50 美元。

**98.** 1:31。

**99.** 农民几乎都知道奶牛的价值是鸡的 25 倍,马的价值是鸡的 60 倍。这对夫妇一定已经选好 5 匹马和 7 头奶牛,价值 475 只鸡。按照农夫的说法,他们除此之外,拥有的鸡正好可以再买 7 头奶牛,所以还剩下 175 只鸡。可见,他们总共有 650 只鸡。

**100.** 酒的成本是 796 法郎,酒商加价 5% 后,以 837.9 法郎售出,相当于在原价 882 法郎打 5% 的折扣,新账单上应该为 934 法郎。

为了让乔治得到回扣,酒商把账单的总价提高到 931 法郎,酒商打 5% 的折扣并付给乔治 5% 回扣后,最后实际收取 837.9 法郎,这样便能不影响酒商的利润。

**101.** 吉普赛女郎莎拉第 1 周赚到 2.25 美元,这正好能被 3 除尽且比 3 美元少,是 9 个 25 美分。第 2 周赚到 75 美分,第 3 周仅赚到 25 美分,3 周总共 3.25 美元。

**102.** 依珍妮弗的要求,她第 1 年多获得 12.50 美元,之后损失会越来越多。很多人错误地将增加的 25 美元加在半年的工资上,其实是加在年薪上;也就是说,是每半年增加 12.5 美元。如果每年增加 100 美元,那么在 5 年之内,600＋700＋800＋900＋1 000＝4 000 美元。不过珍妮弗按照自己的方案却损失 437.50 美元。具体如下:

第 1 个六个月:300.00 美元 600 美元

第 2 个六个月:312.50 美元 625 美元

第 3 个六个月:325.00 美元 650 美元

第 4 个六个月:337.50 美元 675 美元

第 5 个六个月:350.00 美元 700 美元

第 6 个六个月:362.50 美元 725 美元

第 7 个六个月：375.00 美元 750 美元

第 8 个六个月：387.50 美元 775 美元

第 9 个六个月：400.00 美元 800 美元

第 10 个六个月：412.50 美元 825 美元

**103.** 共有 6 条。3 条的双眼是全瞎的，3 条的双眼是正常的。

**104.** 这是布朗太太于 2 月 29 日向先生提出的问题。当他们第一次见面的时候，男方的年纪是女方的 3 倍。在 1896 年 2 月 29 日，女方的年纪正好是和男方第一次见面时的年纪。他们第一次见面时，男方 15 岁，女方 5 岁；现在，男方 25 岁，女方 15 岁；再过 30 年，女方 45 岁，男方 55 岁，双方的年龄总和正好 100 岁。如今男方的年纪为 25 岁，那么 4 年之后，也就是下一个闰年，男方是 29 岁。

**105.** 2 个 29 环、2 个 20 环、2 个 3 环。

**106.** 从题目得知，如果采用现金支付，厨具是 65 美元。而根据购买家具的条款，首付 5 美元，安娜需要再付 60 美元，或采取每次支付 5 美元，共付 14 次的分期付款方式。

安娜选择分期付款的方式，那么第 1 个月之后借款为 60 美元，第 2 个月 55 美元，第 3 个月 50 美元，第 4 个月 45 美元，以此类推，接下去分别为 40 美元、35 美元、30 美元、25 美元、20 美元、15 美元、10 美元和 5 美元，加起来等于 390 美元。因此安娜每月需支付利息 10 美元，也就是年息为 120 美元，得出利息利率为 30.769％。

**107.** 如果每个水梨分别卖 1/3 便士、1/2 便士，平均 2 个水梨卖 5/6 便士，或者说 1 个水梨卖 5/12 便士。但最后是以每 5 个水梨 2 便士的价格出售，也就是 1 个水梨卖 2/5 便士，所以每个水梨损失 1/60(5/12－2/5＝1/60)便士。

已知损失(少了)7 便士，因此用 7 除以 1/60 等于 420，为 2 人水梨的数目，故得：玛莉和海伦各有 210 个水梨。海伦的水梨原本可以卖得 105 便士，但她实际得到的钱数是以 5 个水梨 2 便士卖掉全部收入的一半(即 84 便士)，所以她损失 21 便士。而玛莉的水梨应该卖得 70 便士，但她实际上得到 84 便士，多出的 14 便士和少了的 7 便士，刚好是海伦损失的数目。

**108.** 大部分人认为把 12 条链子末端的小环打开再连接起来,这样的费用会减少到 1.80 美元。但正确答案是:将 2 条有 2 个大环、3 个小环的链子全部拆开,用所得的 10 个环连接余下的 10 条链子,这样只需花 1.70 美元。

**109.** 伊丽莎白 24 岁,比尔的年纪是 3 岁,他们之间有兄弟姊妹 13 人,"多 7 倍"是指"8 倍"的意思。

**110.** 如果 5 乘以 6 等于 33,那么 20 的一半应该是 5 乘以 6 的 1/3,也就是 11。

**111.** 根据老姑娘对辛普森的回答,她的年纪加上她自己年纪的 1/2,再加上自己年纪的 1/3,再加上 9,等于 70。因此老姑娘年纪的 11/6 等于 61,所以老姑娘的年纪为 (33+3/11) 岁,辛普森的年纪为 (36+8/11) 岁。

**112.** 第 1 位女孩的年纪为 638 天,男孩为 1 276 天。第 2 天最小的女孩为 639 天,新来的女同学为 1 915 天,两者加起来总共 2 554 天。第 3 天,男孩带来哥哥,哥哥为 3 834 天,所以两人加起来为 5 112 天。

第 4 天女孩加起来的天数为 2 558 天,加上新来的女生 7 670 天,总天数为 10 228 天,正好是男孩的 2 倍 (5 114 天)。

7 670 天大的女孩马上要过 21 岁生日,因为 21×365＝7 665 加上 4 天 (4 个闰年),再过一天就是她 21 岁生日。所以最小男孩应该是 1 276 天。

**113.** 将其中一条链子全部拆开并用来连接其余的链子,这样花费是 (8×5)＋(18×5)＝130 美分,所以哈里逊最多可以省下 150－130＝20 美分。

**114.** 老板在他儿子出生之前,度过他年纪的 (1/6＋1/12＋1/7＋5) 岁。因为 4 年前老板儿子的年龄是他年龄的一半再加 4 岁。

假设父亲的年龄为 $x$,则 (1/6＋1/12＋1/7)$x$＋5 再加上儿子的岁数 $x/2$＋4,等于父亲的年龄,即 (1/6＋1/12＋1/7)$x$＋5＋$x/2$＋4＝$x$。得 $x$＝84。

**115.** 根据父亲对售票员的回答可知,儿子、女儿、夫妻俩人的年龄加起来正好是女儿年龄的 81 倍。因为 4 个人的年龄加起来等于祖母的年龄 81 岁,所以女儿的年龄为 1 岁,儿子布鲁斯为 5 岁。

**116.** 27 岁半。因为玫瑰过去的年龄曾是茉莉的 3 倍。假设 2 人的年龄分别是 12 岁和 4 岁,相差 11 岁,但 2 人的年龄之和是 44 岁,那么茉莉就是 16 岁 6 个月,玫瑰是 27 岁 6 个月。

**117.** 根据打油诗判断,40 年前贝蒂夫人是 18 岁,所以现在是 58 岁。

**118.** 儿子的年龄 5 岁 10 个月,爸爸 35 岁,妈妈 29 岁 2 个月。

**119.** 其一:计算方式为(×2),(+5),(×50),(−365),(+115)

将出生月份乘 2,再乘 50,等于将出生月份乘以 100 倍。

将出生月份乘 2 后(不须理会),加 5,再乘以 50,便等于加了 250。

其后再减去 365 加上 115,只是抵消加了的 250。

其二:计算方式为(×2),(+5),(×50),(+1 764)。

以上这些计算方式都是设计好的,变动任何一个数字或加、减、乘的顺序,就会有误。而整个题目的设计关键都是在引诱大家填入自己的公元出生年罢了。

**120.** 龙虾首次卖出的价格为 12 只 8 先令。因此每只龙虾为 2/3 先令。

**121.** 假设买卖骆驼毛的中间人使用的秤砣重 16 盎司,那么买入的实际重量为 17 盎司,卖出的实际重量为 15 盎司。通过此方法,他在 4% 交易额的佣金之外,还能额外谋利。

首先,买入的实际重量为 17 盎司,卖出的实际重量为 15 盎司,这样他就额外赚取 2 盎司。如果这 2 盎司以相同的价格出售,那他可以获利 25 美元。所以这 2 盎司骆驼毛的售价就是他卖出的 15 盎司骆驼毛销售额的 2/15。因此 1 盎司骆驼毛售价为 12.50 美元,15 盎司骆驼毛的售价是 187.50(12.50×15)美元。在此可得出结论,如果不考虑佣金问题,这批货物的售价便为 187.50 美元。

此外,中间人从卖家处收取 3.75(12.50×15×0.02)美元的佣金,从买家处收取 4.25(12.50×17×0.02)美元的佣金,加起来是 8(3.75+4.25)美元,但这笔钱并未包括通过欺诈获取的 25 美元。假设该中间人公平交易,未行欺诈,即他在购入骆驼毛时,按 17 盎司的价格付费,精确计算后得 199.21875 美元,那么他的佣金收入为 7.96875(199.21875×0.04)美元;因此可推断,通过欺诈,他还获得额外的 0.03125(8−7.96875)美元收入。而通过欺诈,他获取 25 美元的收入,因此必须适当减少 187.50 美元的销售额,以使两项欺诈所得收入相加正好等于 25 美元。

0.03125 美元正好是 21.03125 美元的 1/801,所以必须减去 187.50 美元的 1/801,即 187.37(187.50−187.50/801)美元。在这种情况下,中间人的获利为 25 美元又 6/10 000 美分。如果想要再精确些,卖家应取得收入 187.2659176029973125 美元,再减去 2% 的佣金(略高于 3.745 美元)。

**122.** 很容易算出马和骑手共有 100 条腿和 36 个头,所以肯定有 14 匹马和 22 位骑手。根据题意,珍稀动物共有 56 条腿和 20 个头,同时在插图中可以看到有 10 只动物和 7 只鸟,所以很显然有 3 只珍稀动物。

**123.** "小屠夫"买进价格为 264 美元,以 295.68 美元卖出,赚进 12%;另一匹马买进价格为 220 美元,以 198 美元卖出,亏了 10%。买价总额为 484 美元,卖价总额为 493.68 美元,利润为 2%。

## Chapter 2　平面圆形分析

**1.** (1)沿着直线切 7 刀,最多可把圆饼分成 29 块。

(2)剑之所以要做成弯曲的形状,是为了能够适合剑鞘的形状。

(3)若边长为整数,则直角三角形的边长分别为 47、1104、1105。一个直角三角形如果某一直角边边长数值为奇数,则另外两条边的长度可用下面的方法求出:将已知直角边的数值平方,取最接近平均数的两个整数,一个比另一个大 1,就是另外一条直角边和斜边的边长。例如,上例中 47 的平方为 2 209,平均数为 1 104.5,则另一直角边的边长是 1 104,而斜边的边长为 1 105。如果某一直角边的边长数值为偶数,则需要将这个直角边平方之后除以 4,所得的商数减 1 为另一直角边的长度,商数加 1 为斜边的长度。例如,8 的平方为 64,64÷4=18,则以 18 为直角边的直角三角形的另一直角边为 17,而斜边长度为 19。

**2.** (1)安妮手中的剩料依照左图所示剪开,就可以拼成她左手拿的瑞士国旗形状。

(2)按照右图的方法可以将国旗转换成正方形。

**3.** 如图所示:

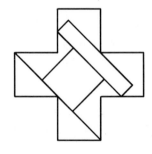

**4.** 大饼最多可以切成 22 块,方法如下图。中间的 TM 是梅莉太太在饼上做的标记,以区分是否有馅。

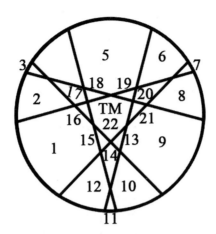

**5.** (1)AB 两点之间的线段可以将太极图分成大小一样的四等分。

(2)按照另外两幅图的方法解答第二题。答案如图所示:

**6.** 如图所示,先剪下 1 和 2 个小三角形,将其拼到中间,然后沿折线剪开,把第 4 部分向下移动一格,就可以构成一个正方形(只有边长满足一定比例要求的矩形,才能够用台阶方法转换成正方形,在此例中矩形边长比为 3∶4,不能做台阶转换。剪成 5 块是最简洁的方法)。

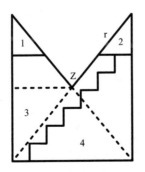

**7.** 这个问题和厨师切大饼的问题不尽相同。大饼被看成是平面的,而此题的海绵蛋糕是有厚度的立体,因此斜切下去的块数应该更多。正确的答案是第 1 刀能切成 2 块,第 2 刀能切成 4 块,第 3 刀能切成 8 块,第 4 刀能切成 15 块,第 5 刀能切成 26 块,第 6 刀能切成 42 块。

**8.** 将 $13 \times 13$ 的棉被按图中的方法分成 11 分。这是不破坏格子图案的情况下所能分成正方形的数量最多的方法。

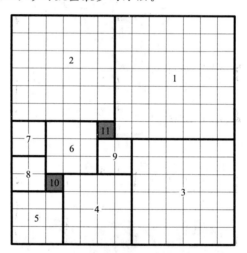

**9.** (1)图 1,说明该如何将正十字架剪成 3 块并拼接成长宽之比为 $2:1$ 的长方形。
(2)图 2,说明如何将正十字图剪成 4 部分并拼成一个正方形。

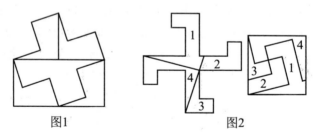

图1        图2

**10.** 如图所示:

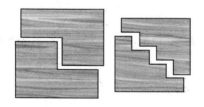

**11.** 如图所示：

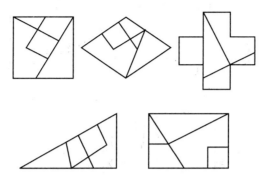

**12.** 如果想用 2 个正方形拼成 1 个正方形,如题中的大图,只需要将它们放在一起,从小正方形的 B 点通过大正方形,画 1 条直线连接到大正方形的 B 点,如题中图所示。这条线段就是三角形的斜边,也就是即将得到的正方形的边长。把剪下来的部分拼接到空白处,就可以把 2 个正方形拼凑起来成 1 个更大的正方形。

**13.** 下图表示正确将十字切分成 4 块的方法：

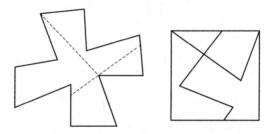

**14.** 最少切成 6 部分,然后拼成十字架。方法如图所示：

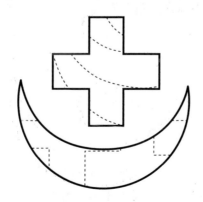

**15.** 如图所示：

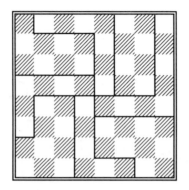

**16.** 直角三角形两直角边的平方和等于斜边的平方。此处得知，$3^2 + 4^2 = 5^2$。因此 2 个小正方形包含的头像数分别为 9 个和 16 个，所以可以按照图中的方法分割后拼出 2 个小正方形。

**17.** 毕达哥拉斯的 2 个正方形问题可运用直角三角形的 2 条直角边的平方和等于斜边的平方的定理加以解决。拿起剪刀，沿线段 AB 裁剪出 1 个三角形，三角形的底边和高等于题中给定的 2 个正方形的边长。因此，直角三角形的斜边应表示连接另外 2 个正方形的大正方形的尺寸。沿线段 AC 再裁剪出 1 个正方形，然后拼接起来形成大正方形 ABEC。这条定理同样适用于求任意 2 个正方形的边长之和。

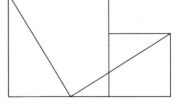

Chapter 1
数字运算游戏

Chapter 2
平面图形分析

Chapter 3
立体空间推理

Chapter 4
纯粹逻辑推理

答 案

**18.** 女孩 A 应先连接 GH,得到 7 个格子。接下来女孩 B 若连接 JK,那么女孩 A 连接 KO 和 PL 可完成 2 个格子,等到下一步再连接 LH 而不是再画 2 个格子。女孩 B 则连接 GK 得到 2 个格子,然后被迫画下去,让对手又得到 5 个格子。若女孩 A 连接 GH,则女孩 B 连接 CG、BF、EF,然后等到下一步动手连接 MN,这样便又画成 4 个格子。

正是这老道的一步让对手可以画成 2 个格子,然后自己可以再多画 4 个格子,于是便漂亮地赢得这场游戏。

**19.** 题目要求将 16 颗棋子放到一个 64 格的棋盘上,但任意 3 颗棋子不在一条直线上。正确答案如下图。

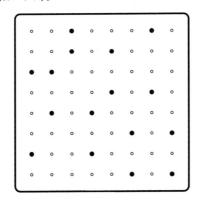

**20.** 按照下面的方法可以将六边形剪开并拼凑成 1 个正方形。如图所示,沿虚线把纸盒剪成 2 部分,再拼成 1 个正方形。

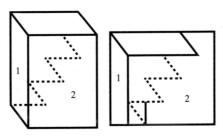

**21.** 轮子周长计算方式:外轮的转速是内轮的 2 倍,所以外圆周长是内圆周长的 2 倍。因此外轮与内轮之间的 5 英尺应等于外圆半径的 1/2,外圆的直径是 20 英尺,周长应为 20×3.1416,约为 62 832 英尺。

**22.** 有许多人透过 5 块木料完成这项手艺,有些人用 4 块就完成,但是有极少数人用 3 块即可完成。下面的插图传递出这样的经验:1、16、64 三个方块,拼接时能得到一个如图所示,每边为 9,面积为 81 的方块。

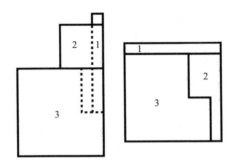

**23.** 可以将新月奶酪分成 15 块。方法如下图：

**24.** 将土耳其旗帜变成十字军的十字架,仅需要穿过八角星笔直地剪 1 刀,剪到新月的极点,然后沿着圆的内部再剪 1 次,把 A 部分放到左边去,这样就得到下图的变换。

Chapter 1
数字运算游戏

Chapter 2
平面图形分析

Chapter 3
立体空间推理

Chapter 4
纯粹逻辑推理

答 案

**25.** 环形蛇复原,如图所示:

**26.** 如图所示,只需要 2 条直线切痕。随后将其中一块切片翻转过来进行拼装即可。

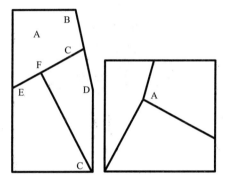

如图所示,线段 BD 和矩形的长夹角是多少并不会改变题目的结论。取 BD 中点 C 和另一侧矩形的长的中点 E,连结 CE。过 G 点做 CE 的垂线交 CE 于 F,连结 GF。接下来,3 块碎片就可以如图 2 所示,拼装成一个正方形。

**27.** 下图显示将 1 个等臂十字分割成 2 个相同形状的等臂十字的过程。按照图 1 所示,将十字裁剪成 5 部分,再按照图 2 的示意拼装起来。

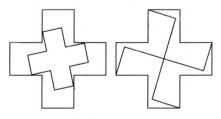

**28.** 如图。首先沿 AB 线将马蹄铁截成 3 块,然后把 3 块重迭在一起,同时切下另一刀,沿着 CD 和 EF 线,将马蹄铁分成 7 块,且每块皆只有 1 个钉孔。

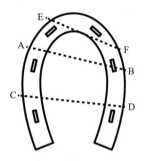

**29.** 沿着图中画线剪开就可以拼成一个完整的正方形,最少需要剪成 2 部分。

**30.** 狗头应该如下图,就可以均分成 A、B。

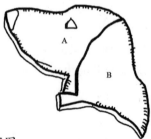

**31.** 新星摆放方法如下图:

Chapter 1
数字运算游戏

Chapter 2
平面图形分析

Chapter 3
立体空间推理

Chapter 4
纯粹逻辑推理

答案

**32.** 如图所示：

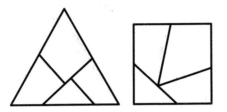

**33.** 如图所示：

**34.** 图1说明如何用1个正方形做出大小不等的2个十字架。如图所示，先把正方形按图剪裁，得到中间的十字架A，其余的4块按照图2拼起来，即可得到另一个十字架。

图1          图2

**35.** 图1是常见的解答方案，把2块圆形板子个分成4块，再按照图2的方法拼成椭圆。但是从中国太极图中的灵感，按照图3和图4的方法，只需把板子分成6块即可。

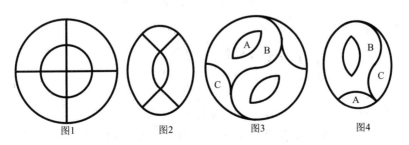

图1          图2          图3          图4

161

**36.** 如图所示：

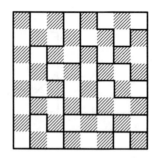

**37.** 如图所示：

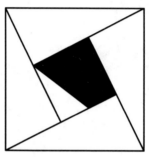

**38.** 最多 12 颗，见下图：

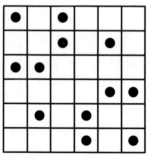

**39.** 把 4 根长横杆十字交叉放置并对接，然后再用 4 根短横杆把两边补齐，这样就能围成 3 个彼此相连而又彼此独立的羊圈。

**40.** 第一题，答案如图 1 所示。

第二题，瑞士奶酪可以用 5 刀分割为 26 块。

第三题，国际象棋棋盘可以分成 18 块（每块皆不相同），如图 2 所示。

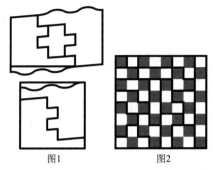

图1　　　　　　图2

**41.** 下图可以说明如何将这块正方形的土地分成形状和大小相等的 4 块,且每块土地上都有 1 棵树。

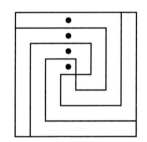

**42.** 可以透过切割红黑桃成如图所示的 3 部分,将其变成红心。

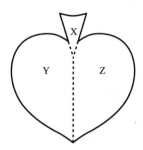

**43.** 从 A 点开始至 Z 点结束,共转折 13 次, 如图所示:

**44.** 如图所示：

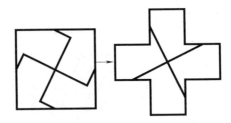

**45.** 如图所示：

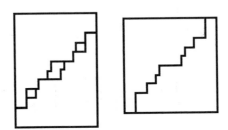

**46.** 如图所示：

**47.** 如图所示：

**48.** 如图所示：

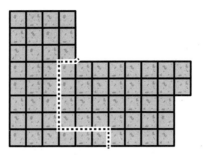

**49.** 如图所示：

**50.** 如图所示：

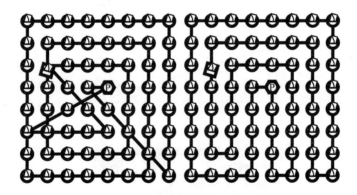

**51.** Q

**52.** 如图所示：

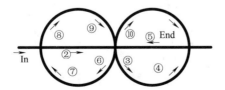

**53.** 唐吉轲德的风车排列方式如下：

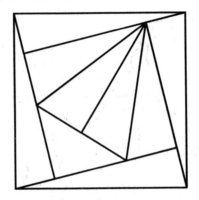

**54.** 如图所示：

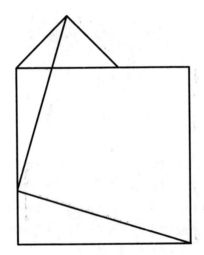

**55.** 如图所示：

Chapter 1
数字运算游戏

Chapter 2
平面图形分析

Chapter 3
立体空间推理

Chapter 4
纯粹逻辑推理

答案

**56.** 分割方法如图所示：

**57.** 如图所示：

**58.** 2个少年可以按照图1把桌面锯开3部分,然后为狗屋做一扇门。

如图所示：

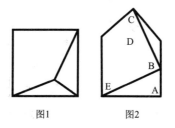

图1          图2

**59.** 如图所示：

**60.** 应将其中一个圆圈移至上面两个圆圈和下面两个圆圈分别所连成的线相交的交点。

## Chapter 3　立体空间推理

**1.** 15 个部分。

这些部分如下：四面体的 4 个顶点上有 4 部分、四面体的 6 条边上有 6 部分、四面体的 4 个面上有 4 部分，还有四面体本身。

这个数字是一个 3D 空间被 4 个平面分割时能得到的最大数字。

**2.** 如右图所示，立蛋的道理与高空走钢索相同。两只叉子为鸡蛋提供平衡力，降低蛋的重心。多一点耐心就可以完成题目的要求。

**3.** 经过多次轻拉绳子，单摆会慢慢开始摆动，且摆幅会越来越大，因此只要轻拉绳子，节奏是可以引起共振的。

如果力道过大，会将磁铁从单摆上拉开，而轻轻拉动绳子，则会带动单摆开始微幅摆动。然后拿开磁铁，使其自行摆动，当磁铁向你摆过来又要摆过去时，再次将带着绳子的磁铁吸在侧面，并将绳子往己方轻轻拉动。如果时机及节奏掌握得好，单摆的摆幅就会逐渐增大。

**4.** 如图所示：

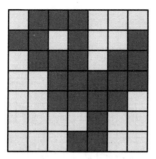

**5.** 若凯文观察够仔细,可以将立方体的 4 个面画出来。

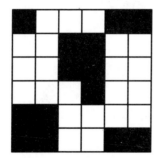

**6.** 理论上,想搭多高都可以。当将一块积木放在另一块积木上时,只要其重心在下方的积木上,就不会倒。当然,在实际操作中,只是很小的误差,也会导致倒塌。

**7.** 这是一个变换视觉主体图形的问题。某些 2D 图形在解读它的三维效果时,有许多种方法。这个顶点处的正方形有 3 种解读方法。

**8.** 如图所示：

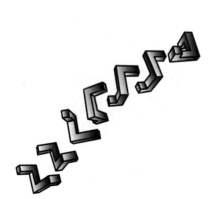

**9.** 图中共有 $8 \times 8 \times 8$ 个 $1 \times 1$ 的立方体,有 $7 \times 7 \times 7$ 个 $2 \times 2$ 的立方体,有 $6 \times 6 \times 6$ 个 $3 \times 3$ 的立方体……依此类推,最后有 1 个 $8 \times 8$ 的立方体。故知,立方体的

总数应该是 83＋73＋63＋53＋43＋33＋23＋13＝1 296。由以下公式可以直接得到这个结论：

立方体总数＝[$n/2 \times (n+1)$]2，当 $n=8$ 时，得到 1 296。

**10.** 以下出示其中一种解决方法(有多种可能性)。

**11.** 所有大小相同的正多面体都可以组成一个多面体环,除了正四面体。

**12.** 深色的门为 2；浅色的门为 7。

**13.** 看得见的洞(逆时针方向)如下：

上面的洞：4—2—3—6

左边的洞：5—4—1—3

右边的洞：6—2—1—2

看不见的洞如下：

底部的洞：3—5—3—2

左边的洞：5—6—1—2

右边的洞：3—1—3—6

记住,现在的骰子都是沿逆时针方向增加点数的。

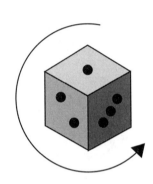

**14.** 如图所示：

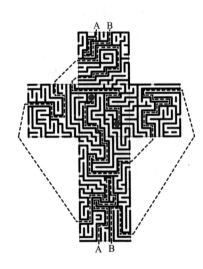

170

**15.** 如图所示：

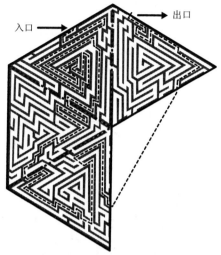

入口　　出口

**16.** 这2块模型是接合而成的（如下图所示），因此只要斜向滑动，就能将这2块模型分开。

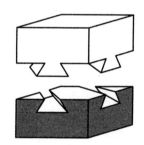

**17.** 处理组合问题的直接方法是先放置最大的，但这不是正确的策略。

**18.** 如下图所示，开刚始时，用另外2块做为暂时的支撑，当这个桥接近完成时，移走这2块，放到整个结构的上面。

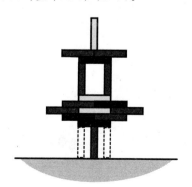

**19.** 不管把旗杆插到哪里，总是有比那一点更高的地方。

**20.** 如果盯着原图看一段时间，中间那道带锁孔的墙的角度就会改变。

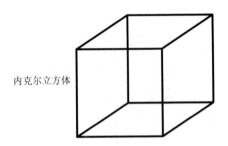

内克尔立方体

**21.** 解法之一如图所示：

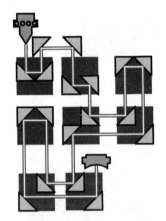

**22.** E。

**23.** 标号7。

**24.** 20个。

**25.** 数一下黏在一起的表面的个数，然后从96(16个小立方体的总表面积)里减去，就得到了该图形的表面积。

得知，图形2的表面积最大，因为只有15对表面黏在一起。

**26.** 如图所示：

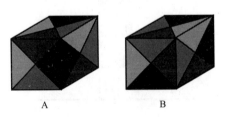

A　　　　　　B

172

**27.** 有 3 个红色表面的立方体：8 个；有 2 个红色表面的立方体：12 个；有 1 个 红色表面的立方体：6 个；没有红色表面的立方体：1 个。

**28.** 威利可以将 3 个立方体排列成如图所示的样子，然后测量 x 的长度。

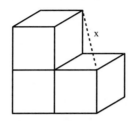

**29.** 6 个小立方体就足够了。将 6 个小立方体摆成如图所示的形状，然后测量 x 的长度。

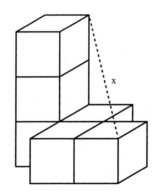

**30.** 问题 1：18 个面。问题 2：26 个面。

## Chapter 4　纯粹逻辑推理

**1.** 军队行进的路线如图所示：

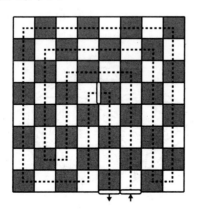

**2.** 轨迹如图所示：

**3.** 野猪要逃脱至少要转弯 14 次,路线如图所示：

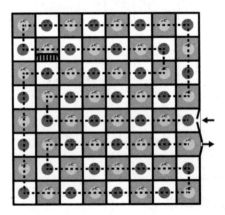

**4.** 猴子爬窗收钱的路线如下:10—11—12—8—4—3—7—6—2—1—5—9。
这条路线只穿过 2 次底层窗子和中层窗子之间的空墙。

**5.** 各家修的路如图所示：

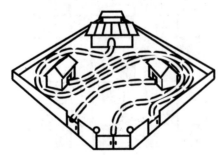

Chapter 1
数字运算游戏

Chapter 2
平面图形分析

Chapter 3
立体空间推理

Chapter 4
纯粹逻辑推理

答 案

**6.** 若军舰航行中只能转弯一次,出发点、转弯点集中点之间的联线必须构成一个夹角。只要保持角的两条边不接触水雷就可以。

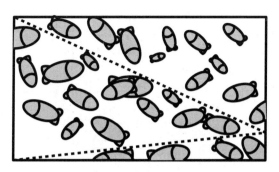

**7.** 答案如图所示:

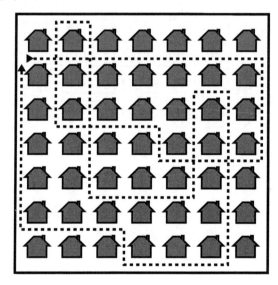

**8.** 舰队只需要转弯 3 次就可以通过所有 5 个圆环,如图所示:

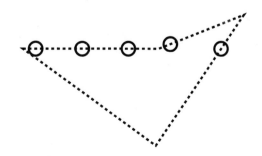

**9.** 如图所示：

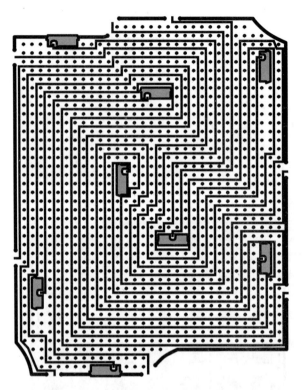

**10.** 最短的路线是沿着一条对角线来回行走。步骤是：西南方向到方格4；西南方向走到方格6；东北方向走到6；东北方向走到方格2；东北方向走到方格5；西南方向走到方格4；西南方向走道方格4；西南方向走到方格4；再向西北方向走即可冲出迷宫。

**11.** 最初烟盒中有8支烟。

**12.** 我们用大小写字母来表示黑白棋子，用★号表示空格。
其中★号表示空格被一个棋子占据而它本身被移到该棋子原先被占据的位置。注意该序列除掉最后一个★号后，与第四个★号（第23步）呈左右对称，只不过小写字母与相应的大写字母对应。大写字母与相应的小写字母对应。这就是所谓的"对称解法"。
各个棋子不移动的先后顺序如下：Hhg★Ffc★CBHh★GDFfehbag★GABHEFfdg★Hhbc★CFf★GHh★
如图所示：

Chapter 1
数字运算游戏

Chapter 2
平面图形分析

Chapter 3
立体空间推理

Chapter 4
纯粹逻辑推理

答 案

| a | b | c | | |
|---|---|---|---|---|
| d | e | f | | |
| g | h | ★ | H | G |
| | | F | E | D |
| | | C | B | A |

**13.** 图 1 标出了正确安排乌鸦的方法,这样安排可以保证相互之间视线通畅,且巡逻人员不可能一枪打死 2 只以上的乌鸦。图 2 标出的方法是一些棋手给出的,他们试图通过这种方法证明这道题目和"王后"题目类似。

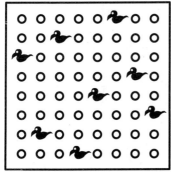

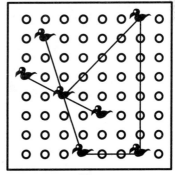

图1                                                                    图2

但可以发现,图 2 中,巡逻的农夫可以在 2 条在线一枪打死 3 只乌鸦。

**14.** 马通常是前腿先起来,牛是后腿先起来。

**15.** 这道海军题目要求画出军舰的航线。用 15~18 条直线可以组成很多种航线方案,但是下图的这种方案只用了 14 条直线段,这种走法是最佳答案:

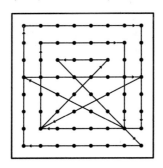

**16.** 根据 3 个弯曲的锁扣的位置,可以看出密码应该是 EFB。

**17.** 按照"费城—15—22—18—14—3—8—4—10—19—16—11—5—9—2—7—13—17—21—20—6—12—伊利"的路线,可以经过所有城镇,到达目的地。

**18.** 将手表平放在手掌上,让时针对准太阳的方向,时针和 12 点方向构成一个夹角,这个夹角的平分线的指向就是北方。

**19.** 这是道让人困扰的题目,至今还没有人解出来,因为无法将 21 头猪分在 4 个猪舍里,且每个猪舍都有奇数头猪(偶数对加 1 头)。因此主人应该无法如愿。可以将猪舍层层嵌套,最中间放 5 头猪,也就是 2 对再加 1 头;在此外建造的猪圈放 4 头猪,第 3 层还是放 4 头猪,第 5 层放 8 头猪。如图所示。

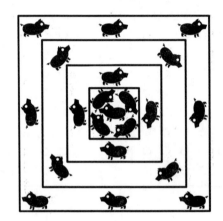

而较符合题意的方法应该是:中间放 3 对头猪,第 2 层放 3 对加 1 头猪,第 3 层放 2 对加 1 头猪,第 4 层放 1 对加 1 头猪。

**20.** 如图所示:

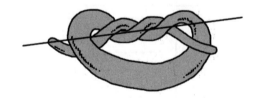

**21.** 将 2 和 3 移到一端,用 5 和 6 填上空缺,用 8 和 2 填上空缺,最后用 1 和 5 填上空缺。

**22.** 答案如图所示：

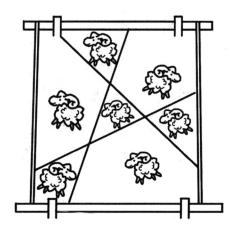

**23.** 虽然人只有在已经辞世的情况下,才会使自己的妻子成为遗孀,所以死了的人不可能再娶,但是却有个说法彻底推翻了这个答案。从法律的角度和事实的角度来看,应该说,吉姆的祖父娶自己遗孀的姊妹是完全有可能的。

假设 A 与 B 是姊妹。刚提及的当事人(吉姆的祖父)娶了 A,当 A 过世时,祖父就成了鳏夫;继而又娶了 B,之后又先于 B 过世,使 B 成了(祖父)遗孀。如此可以说,祖父是娶了他遗孀 B 的姊妹 A。尽管 A 是前妻,B 是第二任妻子。吉姆也因此获得了农场的继承权。

**24.** 按下表安排修女的房间。

修女失踪前：

| | 三楼 | | | 二楼 | |
| --- | --- | --- | --- | --- | --- |
| 1 | 5 | 1 | 1 | 2 | 1 |
| 5 | | 5 | 2 | | 2 |
| 1 | 5 | 1 | 1 | 2 | 1 |

修女失踪后：

| | 三楼 | | | 二楼 | |
| --- | --- | --- | --- | --- | --- |
| 3 | 2 | 3 | 1 | 1 | 1 |
| 1 | | 1 | 1 | | 2 |
| 4 | 1 | 3 | 1 | 1 | 1 |

**25.** 如图所示,狡猾的珠宝商在上面的宝石增加 1 颗,这样就可以拿走 2 颗,按照主人的清点方式,3 个方向的宝石仍然是 13 颗。

**26.** 人们可能会落入两个圈套或陷阱里。证明阶梯扶手的长度可以用一个直角三角形的斜边来表示。取一张三角形的纸,将之由 B 到 C 包在 1 支铅笔上,这样 BC 就是底边,而 AC 就是斜边。

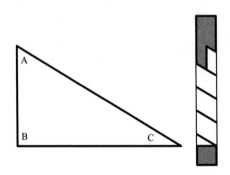

古老灯塔的高度是 300 英尺,圆的直径是 35 英尺 10.5 英寸,乘以 3.1416 就可得 75 英尺的周长,周长的 4 倍就是 300 英尺,这就是底边的长度,这样楼梯扶手的长度就等于直角三角形斜边的长度。然而这是第 1 个容易出错的地方,因为人们会忘记,对于斜边和底边所需的尖桩是一样多的,可以参照沿着小山插着篱笆桩的题目:

不论你是从水平面还是爬山从 A 走到 Z,都正好是 35 个篱笆桩,这样还差 1 英尺。所以古老灯塔的题目中,由于周长的 4 倍是 300 英尺,所以将

Chapter 1
数字运算游戏

Chapter 2
平面图形分析

Chapter 3
立体空间推理

Chapter 4
纯粹逻辑推理

答 案

有 300 根尖桩,还要加上顶上的 1 根,这就是许多人会忽略的第 2 点。所以正确答案就是有 301 根尖桩或台阶。

**27.** 利用黑桃、梅花、红心和方块来表示 4 种不同种类的水果,用点来表示剩余树种,下图是这个难度超凡的谜题答案。

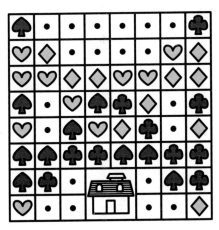

**28.** 下图标出从 B 点~A 点的接线法,使用电线长为 233 英寸。

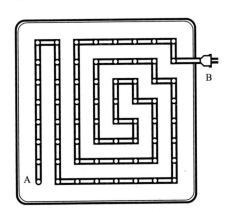

**29.** 按照以下步骤搬动:

酒瓶—刷子—杯子—酒瓶—汤匙—钥匙—酒瓶—杯子—刷子—汤匙—杯子—酒瓶—钥匙—杯子—汤匙—刷子—酒瓶。

**30.** 后走者只要把花瓣分成数量相等的 2 组就一定能赢得胜利。例如,如果先走者摘 1 片花瓣,后走者就在对面摘 2 片,使留下的 2 组各有 5 片花瓣;如果先走者摘 2 片花瓣,后走者就在对面摘 1 片,结果也留下 2 组同样多的花瓣。之后,后走者只要按照先走者做就可以获胜。若先走者在一组中摘 2 片,留下 2—1 组合时,后走者就摘另一组中的两片,也留下 2—1 组合。照此玩下去,最后肯定会获胜。

31. 最优秀的 1 号撞球手声称,他赢了 4 号球手,所以没有输;4 号赢了 3 号,认为自己不用为这局付钱;而 3 号坚持自己和 2 号合作,赢了 1 号,根据约定,他不能被说成是输家。

根据其他的论据,结果还有其他说法。因为 4 号是自由加入,不受任何协议的约束,当他打入 4 颗球而有人只打入 2 颗球时,他可以戴上帽子穿上外套回家了。而 1 号必须信守承诺,因此当他打入 5 颗球而对手们打入 6 颗球时,本来该由 3 号承担的失败已转给了 1 号,所以他应该支付这局的钱。

32. 1. 右车头向右边后退。

2. 右车头开到侧线上。

3. 左车头带着 3 节车厢开到右边。

4. 右车头退回主线。

5. 右车头带着 3 节车厢开到侧线左边。

6. 左车头退到侧线上。

7. 右车头和车厢退到右边。

8. 右车头拉着 7 节车厢开到左边。

9. 左车头开回主线。

10. 左车头退到整列火车处。

11. 左车头拉着 5 节车厢开到侧线右边。

12. 左车头倒退着把它最后面 1 节车厢退到侧线上。

13. 左车头拉着剩下的 4 节车厢开回右边。

14. 左车头带着 4 节车厢退回左边。

15. 左车头单独开到右边。

16. 左车头向侧线后退。

17. 左车头把 1 节车厢从侧线上拉回主线。

18. 左车头退回左边。

19. 左车头带着 6 节车厢向右前进。

20. 左车头倒退着把它最后面的 1 节车厢推到侧线上。

Chapter 1
数字运算游戏

Chapter 2
平面图形分析

Chapter 3
立体空间推理

Chapter 4
纯粹逻辑推理

答　案

21. 左车头带着 5 节车厢开回右边。

22. 左车头推着 5 节车厢退回左边。

23. 左车头带着 1 节车厢开到右边。

24. 左车头向侧线后退。

25. 左车头带着 2 节车厢开到右边。

26. 左车头推着 2 节车厢推到侧线左边。

27. 左车头拉着 7 节车厢开到侧线右边。

28. 左车头把最后 1 节车厢推到侧线上。

29. 左车头带着 6 节车厢开到右边。

30. 左车头退回右边。

31. 右车头接上它的 4 节车厢离开。

32. 左车头向侧线后退。

33. 左车头带着它的 3 节车厢高兴地继续它的行程。

**33.** 可按照以下顺序逃离火海：

1. 降下婴儿 30 磅。

2. 降下狗 60 磅，升上婴儿 30 磅。

3. 降下守夜人 90 磅，升上小狗 60 磅。

4. 降下婴儿 30 磅。

5. 降下狗 60 磅，升上婴儿 30 磅。

6. 降下婴儿 30 磅。

7. 降下胖夫人 210 磅，升上守夜人、婴儿和小狗共 180 磅。

8. 降下婴儿 30 磅。

9. 降下狗 60 磅，升上婴儿 30 磅。

10. 降下婴儿 30 磅。

11. 降下守夜人 90 磅，升上小狗 60 磅。

12. 降下小狗 60 磅，升上婴儿 30 磅。

13. 降下婴儿 30 磅。

**34.** 通过比对山羊头盖骨的硬度和抵抗力的惊奇演算，得知"经过反复试验，发现能够破坏山羊头盖骨的一次重击的强度与 30 磅物体下落 20 英尺的冲量相等，这样的重击会导致山羊死亡。"问题要求算出 2 只山羊相撞致死所需的相对速度。这个问题涉及一个关于重物从静止状态自由下落的物理定律,在第一秒的时间中,物体会自由下落 16 英尺 1 英寸,下面每秒钟下落的距离都以几何级数的方式增长,利用这个定律,可以算出重 30 磅的物体下落 20 英尺形成的冲击,将等于以每秒 9.4395 英尺的速度奔跑的 57 磅重的山羊,和以每秒 9.9639 英尺的速度奔跑的 54 磅重的山羊相撞所产生的作用。这样的撞击导致这 2 只好斗的动物死亡。假设 2 只山羊是以相同的动量相撞,不然它们的速度都有可能在 0 到答案中速度的 2 倍间变化。

**35.** 圣诞老人开始追火鸡时,先迈出的是左脚,如果沿着他的足迹按左脚、右脚的顺序数下去,会发现他在某处多了一步;更合适的解释是,圣诞老人准确地踩着自己的足迹,跑第一个小圆圈 2 次。

**36.** 吃前 60 个鸡蛋总共消耗 25 分钟,吃后 60 个鸡蛋需要消耗 24 分钟,总时间为 49 分钟。

但是"假如原先的宾客中只有一半人数出席,那么照此方式,需要多久才能把这 120 个鸡蛋吃完?"数学家们在这里犯了错误,他们认为既然原先的人数吃完这些鸡蛋需要 49 分钟,那么人数减半,时间应当加倍,也就是 98 分钟。

智者发现问题的症结:鸡蛋无论是大是小,都是被 1 位宾客吃掉的;也就是说,这个晚宴只有 1 位宾客应邀参加。如果宾客的人数减半,这 120 个鸡蛋是吃不完的。因为第一轮 10 分钟吃 30 个鸡蛋,第二轮 15 分钟吃 30 个鸡蛋,第三轮 24 分钟吃 60 个鸡蛋。即可知道,宾客 1 次只能吃 1 个鸡蛋,并且享用过程中没有停歇,那么唯一的可能便是只有 1 个人参加了晚宴!

很多人无法理解这个问题。最后 60 个鸡蛋的消耗方式是前 1 分钟 3 个,后 1 分钟 2 个,交替反复。那么 2 个人 1 次怎么吃 3 个鸡蛋? 3 个人 1 次又怎么吃 2 个鸡蛋?除了 1,没有另一个数字能够同时被 2 和 3 整除。

**37.** 小鸟在密闭的盒子里来回飞会增加还是减少盒子重量的问题,有正反两派意见,但是大多是倾向小鸟加重了盒子,以至于要为另一方提供合理的论辩变得很困难。尽管很多人相信这才是真正的答案,但这个问题的提出者引述过鱼在水缸中的类似问题提到：为什么鱼放到水缸里，水缸不会增重是一个很傻的笑话，因为水缸的重量的确会增加，除非水本来已经满到水缸的边缘，与放入物体重量等同的水从中溢出。鱼是悬浮在水中的，它本身的重量和它所占相同体积的水的重量是一样的。而小鸟比空气重，它通过上下拍击空气，在空中支撑自己的身体，这样的拍击无疑将在表盘中显示出鸟和被它取代的空气在重量上的不同。

**38.** 将下面的图案剪下，逆时针旋转 90 度，再与左边的图拼在一起，即可发现两个图案之间有 1 只站立的兔子。

**39.** 莎莉是生病男孩的母亲。

**40.** 自左至右，假定各节车厢与机车分别用以 A、B、C、D、E、F、G、H、I 表示各节车厢与机车，其中 E 是故障的火车，F 是全力承担一切工作的牵引机车。可以透过 F 的 31 次方向转换得到解决。下面各段文字末尾括号中的数字代表这段中 F 向转换的方次数。

1. 牵引机车 F 直接开到故障火车 E 处，钩住 E，把它拉到 D 段(1)。

2. F 通过侧线，钩住 D，把 D 拉到 D 段，同时把 E 推到右边(3)。

3. F 通过侧线，钩住 C，把 C 拉到 D 段，把 D 推到右边(3)。

4. F 通过侧线，钩住 B，把 B 拉到 D 段，把 C 推到右边(3)。

5. F 通过侧线，钩住 A，把 A 拉到 D 段，把 B 推到右边(3)。

6. F 通过侧线，开道右边，将 A 推到 B 处，现在车厢 ABCDEG 已连在一起(3)。

7. F 把 ABCDEG 拉到左边，然后把 G 推到 A 段(2)。

8. F 把 ABCDE 拉到左边，再把它们推到右边(2)。

9. F单独开到左边,再开回来,钩住G,把G拉到左边(3)。

10. F向右开,把G推到A。G与A钩住后,F把所有车厢与机车拉到左边(2)。

11. F把H与I推到A、B段,再把GABCDE拉到左边,然后把它们推到右边(3)。

12. F把G拉到左边,并倒车,使G与H钩住,把GHI拉到左边,然后继续其旅程(3)。

13. 另一列火车,机车在前,各节车厢保持原先的顺序,依然停在侧线右边的正在线。

**41.** 最后这个鸡蛋的放置取决于放在餐巾正中间的第1个鸡蛋(如图中正方形表格所示)。无论如何放置鸡蛋,只要一方放下鸡蛋,另一方依样画葫芦,在穿过第1个鸡蛋的直线上、对家鸡蛋的对面放置鸡蛋就稳赢。以下的数字,为游戏开始的先后顺序,即:

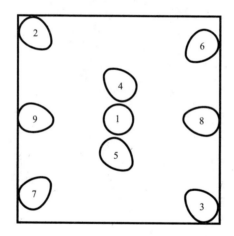

在正中心放下第1个鸡蛋,并不一定会赢。因为鸡蛋是椭圆形的,对手可能在贴近鸡蛋的小头放置另一个鸡蛋,如图所示,这样就无法模仿其放法了。所以想要赢唯一的方法,是让第1个鸡蛋变成圆形。

**42.** 金字塔高有201个台阶。很显然,狮子跨7个台阶,导游6个,埃布尔5个,7×6×5=210应该是金字塔的高度。但是因为在图中狮子与导游差5个台阶,导游与埃布尔差3个,埃布尔离顶部差1个。所以金字塔应为201个台阶,才能让图中的场景发生。

**43.** 图上的农夫永远抓不住公鸡,农妇也逮不到母鸡,原因是公鸡始终跟着农夫的移动而移动,母鸡跟着农妇的移动而移动。但如果交换他们,答案就简单了,农夫可以在 9 步之内抓到母鸡,农妇可以在 8 步之内抓到公鸡,方法如下:

农夫向农妇移动 1 步,农妇向农夫移动 1 步,2 只鸡跟着农夫和农妇各移动 1 步,农夫向下 1 格,农妇移到他上面 1 格,之后的移动就很简单了,他们很快就能抓到小鸡。

**44.** 下面每一段文字末尾的数字表示在该段中所用的次数。

根据题目,大桶中有 63 加仑水,小桶中有 31.5 加仑酒。把 3 个 10 加仑的罐子灌满酒,将小桶中剩下的 1.5 加仑酒灌入 2 加仑的量桶,盛酒的小桶就空了(4 次)。

用 4 加仑的量桶量取大桶里的水灌满小桶,之后量桶中应该剩下 0.5 加仑的水,把这 0.5 加仑水给 1 号骆驼。用 4 加仑的量桶量取小桶中的水灌回大桶,小桶中应该剩下 3.5 加仑水。把 2 加仑量桶中的 1.5 加仑酒倒进 4 加仑的量桶,再用 2 加仑的量桶从小桶的 3.5 加仑水中量取 2 加仑水倒回大桶,再把小桶中剩下的 1.5 加仑水注入 2 加仑的量桶,把这个给 2 号骆驼。把 4 加仑量桶中 1.5 加仑酒倒进 2 加仑量桶中(37 步)。

将上一段的全部操作重复 11 遍,这样 6 头骆驼各喝到 2 个 0.5 加仑的水,另外 6 头骆驼各喝到 2 个 1.5 加仑的水。但是在重复第 10 次和第 11 次时,那 2 加仑水不倒回大桶,而是给任意 2 头只得到这 2 个 0.5 加仑水的骆驼,这样它们就喝到 3 加仑的水,现在共有 8 头骆驼喝到足够的水了,4 头骆驼各得到 1 加仑水,而大桶里剩下 35 加仑水(407 次)。

用 4 加仑的量桶量取大桶里的水灌满小桶 3.5 加仑,量桶里剩下 0.5 加仑,大桶中剩下 3 加仑。把量桶里的 0.5 加仑水给还没有喝过水的 13 号骆驼,把大桶里剩下的 3 加仑水灌进 4 加仑的量桶(18 次)。

把所有的酒都倒回大桶中,而把小桶里的水灌进那 3 个 10 加仑的罐子,最后小桶中剩下的 1.5 加仑水灌进 2 加仑量桶。把 3 个罐子里的水倒回小桶中,把 2 加仑量桶中的 1.5 加仑水倒进 1 号罐子(12 次)。

把 4 加仑量桶里的 3 加仑水倒进 2 加仑量桶,这样 4 加仑量桶里就剩下 1 加仑水。把 2 加仑量桶里的水倒回小桶,因为之前小桶中已经有 3 个 10

加仑的水,只能灌进1.5加仑,这样2加仑量桶里就剩下0.5加仑,把这些水给只喝过0.5加仑水的13号骆驼,这样它也喝到1加仑水,现在总共有5头骆驼喝到1加仑的水。再给这5头骆驼各2加仑水,共计10加仑,现在所有骆驼都喝到足够的水,且小桶中只剩下21.5加仑水(13次)。用小桶中的水灌满2个10加仑的空罐,这样小桶中就剩下1.5加仑水,把它倒进1号罐子,这样1号罐子就装好所需的3加仑水。把2号罐子和3号罐子中的20加仑水倒回小桶(5次)。

把4加仑量桶中剩下的1加仑水倒进2号罐子,用2加仑量桶和4加仑量桶把6加仑酒灌进3号罐子,再把2号罐子里的1加仑水倒进4加仑量桶,再用3号罐子里的酒把4加仑量桶装满,这样4加仑量桶就有1加仑水和3加仑酒,而3号罐子里还剩下3加仑酒。把4加仑量桶里的液体倒进2号罐子,从小桶中量取2加仑水倒进2号罐子(10次)。

现在,13头骆驼各得到3加仑水,1号10加仑的罐子已经装好3加仑水,3号罐子装好3加仑酒,2号罐子装满3加仑酒和3加仑水的混合物。大桶里还剩下25.5加仑的酒,而小桶里剩下18加仑的水,总共用了506步。

**45.** 实际上要把剪刀从绳子上取下来,可以把绳圈的头顺着双股绳子退出来。首先穿过左环柄,再左环柄,再右环柄。现在把绳圈套过整把剪刀,剪刀自由了,除非不幸扭转绳子把它弄得一团糟。

**46.** 在八进制中,1 906应该写作3 562,其中个位代表2个1,十位代表6个8,百位代表5个64,最后的3代表3个512。得出这个数的简单过程是:首先把1 906除以64得到商数为3;然后把余数370除以64得到商数为5;再把余数50除以8得到商数是6,最后的余数2当然就是答案的最后一位。如果要把1 906变换为七进制数,也要遵循类似的循环过程。逐次除以7的乘方数。

**47.** 如图所示,从12点钟的女孩开始向右数到13,这样第13个人一定是女孩,最后所有女孩都会被数出来。

如果要将所有男孩数出来,则必须数到14。

**48.** 最短路线是沿着会议厅的前面墙壁、地板、侧面墙壁而到达后面墙壁,需要最短的电线为 41.785 英尺。

**49.** 农场主人共有 7 个儿子,56 头牛和 7 匹马。最大的儿子分得 2 头牛,他的妻子分得 6 头牛,正好是剩下的 1/9。第 2 个儿子获得 3 头牛,其妻子获得 5 头牛。第 3 个儿子获得 4 头牛,其妻子也获得 4 头牛。一直到第 7 个儿子获得 8 头牛,其妻子没有得到任何牛。每个儿子另外分得 1 匹马,所以每个儿子家都分得 8 头牛和 1 匹马。

**50.** 可以 19 步完成。先踏上第一步梯子,然后回地面,再按以下顺序:1、2、3、2、3、4、5、4、5、6、7、6、7、8、9、8、9,这样地面、梯子顶部和梯子的每一阶都使用了 2 次。

**51.** 必须经过 17 次才能将所有人运送至对岸:

假设黑人先生为 A,一位男士为 B,另一位男士为 C;黑人太太为 A1,一位男士太太为 B1,另一位男士太太为 C1。他们从甲岸要到对岸。

1. 黑人先生和黑人太太过河,即 A+A1→对岸。

2. 黑人先生单独回来,A→甲岸。

3. 黑人先生带一位女士过河,A+B1→对岸。

4. 黑人夫妇返回,A+A1→甲岸。

5. 黑人先生带另一位女士过河,A+C1→对岸。

6. 黑人先生独自回来,A→甲岸。

7. 两位男士过河,B+C→对岸。

8. 一位男士和妻子返回,B+B1→甲岸。

9. 黑人夫妇过河,A+A1→对岸。

10. 另一位男士和妻子返回,C+C1→甲岸。

11. 两位男士过河,B+C→对岸。

12. 黑人先生单独返回,A→甲岸。

13. 黑人先生带一位女士过河,A+B1→对岸。

14. 黑人夫妇返回,A+A1→甲岸。

15. 黑人先生带另一位女士过河,A+C1→对岸。

16. 黑人先生单独返回,A→甲岸。

17. 黑人夫妇过河,A+A1→对岸。

至此,所有人都渡过了河。

| 次数 | 甲岸的人 | 对岸的人 | 次数 | 甲岸的人 | 对岸的人 |
|---|---|---|---|---|---|
| 1 | B、B₁、C、C₁ | A、A₁ | 10 | B、B₁、C、C₁ | A₁、A |
| 2 | B、B₁、C、C₁、A | A₁ | 11 | B₁、C₁ | A₁、A、B、C |
| 3 | B、C、C₁ | A₁、A、B₁ | 12 | B₁、C₁、A | A₁、B、C |
| 4 | B、C、C₁、A、A₁ | B₁ | 13 | C₁ | A₁、B、C、A、B₁ |
| 5 | B、C、A₁ | B₁、A、C₁ | 14 | C₁、A、A₁ | B、C、B₁ |
| 6 | B、C、A₁、A | B₁、C₁ | 15 | A₁ | B、C、B₁、C₁、A |
| 7 | A₁、A | B₁、C₁、B、C | 16 | A₁、A | B、C、B₁、C₁ |
| 8 | A₁、A、B、B₁ | C₁、C | 17 |  | B、C、B₁、C₁、A₁、A |
| 9 | B、B₁ | C₁、C、A₁、A |  |  |  |

**52.** 如果线路是笔直的话,那么跑跑狗和跳跳猫应该不分高下。但是跑到树桩再跑回来,每趟路程为 112.5 英尺。跑跑狗要跳 23 下才能到达树桩,回来也需要 23 跳。总计 46 跳,每跳 5 英尺,所以总共走了 230 英尺,多走了 5 英尺。同理,跳跳猫总共跳了 76 次,共 228 尺。所以跳跳猫以 2 英尺的优势,赢得了比赛。

**53.** 将一块正方形的石头抬到高 0.5 英里,长 1 英里的斜面上,石头的中心后移 4.5 英尺。领头人手臂离中心 49.5 英寸,其他 2 人的手臂位置应该是该距离的一半。所以将一个人往后中心方向移 14.75 英寸,另 2 人移动 34.75 英寸。于是每个人所承受重量都为(210+2/3)磅。

**54.** 先将 B 和 C 移至靠近鼓的队伍末端,再用 E 和 F 补充空缺。然后用 H 和 B 填补新空缺,再用 A 和 E 填补空缺,至此大功告成。

**55.** 鲍伯(A)让布鲁斯 20 分(B),表示前者可以赢后者,鲍伯得 100 分,布鲁斯得 79 分。布鲁斯让吉姆(C)25 分,前者得 100 分,后者得 74 分。因此当鲍伯得 100 分时,吉姆应得 79 分的 74%,即 58.46;如果鲍伯得 200 分,那么吉姆应得 58.46 的 2 倍,即 117 分。

**56.** 为了保持冠军地位,汉森应该击倒第 6 个木球瓶。这样一来,木球瓶将被分成 1 个、3 个、7 个等 3 组。接下来,无论对手施展什么伎俩,只要汉森采取正确的策略,对手一定会输。对手想要取胜,开始时应该击倒第 7 个木球瓶,以便分成 2 组各有 6 个的木球瓶。此后无论汉森投掷哪一组里的木球瓶,对手只要在另一组里仿效汉森的动作,最后一定能赢。

**57.** 其一,可以经过 44 步之后得到:14—11—12—8—7—6—10—12—8—7—4—3—6—4—7—14—11—15—13—9—12—8—4—10—8—4—14—11—

Chapter 1
数字运算游戏

Chapter 2
平面图形分析

Chapter 3
立体空间推理

Chapter 4
纯粹逻辑推理

答案

15—13—9—12—4—8—5—4—8—9—13—14—10—6—2—1。

其二,可以通过以下步骤形成一个加起来等于 30 的正方形:

12—8—4—3—2—6—10—9—13—15—14—12—8—4—7—10—9—14—

12—8—4—7—10—9—6—2—3—10—9—6—5—1—2—3—6—5—3—

2—1—13—14—3—2—1—13—14—3—12—15—3。

在移动数字方块时,唯一的技巧是上下颠倒 9,使之变成 6,反之亦然。

**58.** 佐藤姑娘应该先踏第一条横木,然后返回地面,再 1、2 再回到 1,再到 2、

3,依此类推。记住下 1 上 2 步,所以共需要 23 步。

山本先生切的西瓜如右图。

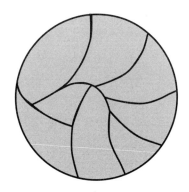

**59.** 骰子顶面上的点数肯定是 1 点,其同一个侧面上的 4 点相加,使一位玩家

得了 5 分;而另三个侧面上的点数(5、2、3)相加之后,和为 10,这就使另一

位玩家赢了 5 分。十进制数 109 778 相当于六进制中的 2 204 122,最右

边的数码表示个位数,第 2 位数码表示 6 的个数,第 3 位数码表示 36 的

个数,第 4 位数码表示 216 的个数……依此类推,这种数制的基础是 6 的

幂而不是 10 的幂。

**60.** 该题的赢点为 9、15、22、28。当在大拇指上数到 34,中指上数到 32,无名

指上数到 31,小指数到 30,无名指数到 24,中指数到 19,小指数到 17,中

指数到 16,无名指数到 11 或中指数到 6。

**61.** 建筑师在典狱长手指所指的第二处开始剪,一直到上面那根手指所指的

第三处,然后移动右手,拼成一个平面,会发现共有 124 个牢房。这样就

可以一直往左拐弯,一次检查完所有的牢房。

**62.** 邮差艾伦从 B 大道第一街开始,从第一街走到 C 大道,再走到第三街到 A

大道,再返回至第二街,走至 C 大道,沿着第四街,走至 A 大道,再返回第

一街,至 B 大道,最后走到第四街。

**63.** 如果玩家想赢的话,应该从 2 或 4 开始。

**64.** 钥匙的排列组合是:7 834×5＝26 910。

**65.** 对于这个问题,杂货店老板贝克经过亲身试验,用 193 个鸡蛋放在底端,形成一个三角形的鸡蛋金字塔,共有鸡蛋 18 721 个。如果用 18 721 个鸡蛋放在底端,可以支撑 1 216 856 个鸡蛋。

**66.** 亨利连续输了 7 次 1 法郎,然后输了 3 次 7 法郎的赌注,赢了 4 次 7 法郎的赌注,使得亨利不输不赢。之后亨利赢了 2 次 49 法郎,又输掉 5 次 49 法郎,赢了 7 次 343 法郎;现在亨利又输了 3 次 2 401 法郎,赢了 4 次 2 401 法郎,输了 5 次 117 649 法郎,最后赢得了 7 次 117 649 法郎。所以亨利总共赢了 869 288 法郎,输掉了 91 511 法郎,最后赢得了 777 777 法郎。

**67.** 假设以 A、B、C、D 表示年轻人,以 a、b、c、d 表示女士(其情人),需要 17 趟渡船。图表如下:

| 河岸 | 岛 | 对岸 |
|---|---|---|
| ABCDabcd | o | o |
| ABCDcd | o | ab |
| ABCDbcd | o | a |
| ABCDd | Bc | a |
| ABCDcd | B | a |
| 男士开始划船 | | |
| CDcd | b | ABa |
| BCDcd | b | Aa |
| BCD | bcd | Aa |
| BCDd | bc | Aa |
| Dd | bc | ABCa |
| Dd | abc | ABC |
| Dd | b | ABCac |
| BDd | b | ABCDa |
| d | bc | ABCDa |
| d | o | ABCDabc |
| cd | o | ABCDab |
| o | o | ABCDabcd |

**68.** 农夫共有 55 只火腿。第 1 位顾客用 35 美元买了 28 只火腿，第 2 位顾客买了 14 只火腿，第 3 位顾客买了 7 只火腿。此时农夫还剩下 6 只火腿，手上有 61.25 美元。旅馆老板娘买了 3.5 只火腿，付了 5 美元；旅馆老板买了 1.5 只火腿，付了 2.5 美元；旅馆老板的朋友买下最后 1 只火腿，付了 1.25 美元。得知，农夫将所有火腿卖出之后，赚得 70 美元。

**69.** 按照常规方式最多只能栽种 36 株葡萄。如果先画出对角线，并按此方式将葡萄栽种成斜线，那么可以栽种 41 株，在底线位置栽种 5 株。

另一种方式可以栽种 39 株。在底线栽种 6 株，间隔 7.77 英尺再栽种一排 5 株。然后间隔 7.77 英尺再栽种一排 6 株，按照此种方法可以栽种 39 株葡萄。如图所示：

 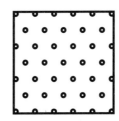

**70.** 在所罗门王的印记中共有 31 个不同的等边三角形。

**71.** 可用 8 步解决：塔夫脱跳过诺克斯、约翰逊、拉福莱特和坎农，这几步是连续跳的；然后格雷跳过费尔邦斯，休斯跳过布赖恩，格雷跳过休斯，塔夫脱跳过格雷。

**72.** 伦敦塔的守卫要到达目的地"黑屋"，只要拐 16 次弯就够了。

**73.** 按照图 1 中的方式重新摆放鸡蛋，用这种方法，3 个鸡蛋的线段数不只 6 条。按照图 2 的方式连接 9 个鸡蛋，线段最少，只有 4 条。

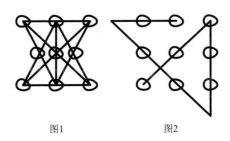

图1　　　　　图2

**74.** 可以轻松解决这道题目的方法是：5 对夫妻在每场游戏结束后，往上移动一张桌子，5 对情侣则往下移动。所以在这个游戏中，第 1 轮结束后，可以知道：第 1 轮之第 1 桌，史密斯夫妇 VS. 汤米和芮莉；第 2 桌，琼斯夫妇 VS. 哈利和朵莉;第3桌,布朗夫妇 VS. 乔治和明妮;第4桌,克拉克夫妇 VS.
比特和凯蒂;第5桌,怀特夫妇 VS. 查理和贝蒂。

第2轮,史密斯夫妇移到第2桌,琼斯夫妇移到第3桌,布朗夫妇移到第4
桌,克拉克夫妇移到第5桌,原本坐在第5桌的怀特夫妇回到第1桌。

5对年轻人朝相反的方向移动,汤米和芮莉移到第5桌,哈利和朵莉移到
第1桌,乔治和明妮移到第2桌,比特和凯特移到第3桌,查理和贝蒂移
到第4桌。

第3轮结束后,也是如此移动,所以在5轮结束后,在同一张桌子上没有
出现过相同的选手。每对夫妻和每对情侣都比赛过。

**75.** 问题一的答案如图所示,把旗子分成2部
分,然后将中间的菱形转180度,大象就到
了旗子的中间。

问题二,下面的路线比图中标示的路线更
短:15、16、12、11、10、14、13、9、5、1、2、6、7、
8、4、3,最后到达心形。

**76.** 至少需要516跳才能搭成金字塔。

**77.** 10枚硬币可以按照下图所示放置,这样就能得出16个偶数行。

**78.** 第一个问题的答案:                       第二个问题的答案:

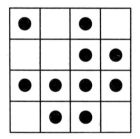

Chapter 1
数字运算游戏
Chapter 2
平面图形分析
Chapter 3
立体空间推理
Chapter 4
纯粹逻辑推理
答 案

**79.** 解决这道题目最简单的方法是:从1/4的国旗周长减去1/2对角线的长度。国旗的周长正好为25英尺,对角线的长度为9.013 88英尺,所以必须从6.25中拿掉4.506 94,得到的1.743 06就是十字架的宽度。

**80.** 射11号和13号苹果。罗宾站的地方的网桩影子正好是桩的一半长。因为在相同时间,影子和实物的比例相同,所以35码的影子,正好可以说明旗杆高为310英尺。

**81.** 比尔的猫走的路线是从 A 到 4—C—I—Y—5—2—B—6—X—3—Z。
大钟敲击6次有5个间隔,需要6秒,每2次间隔为1.2秒,敲击12次有11个间隔,需要13.2秒。

**82.** 问题一,"人"采取的策略就是要走到与"火鸡"所占位置成斜对角,直至把"火鸡"逼到边上,之后"人"就可以轻而易举取胜。如果"人"先走,必须走到35号的位置,这样"火鸡"就无法占优势,因为在9号位和10号位之间是一个空白。下面的示范性对局将使上述策略变得更清楚:
火鸡:8—30—29—37—29—28—51—60
人:50—47—46—45—38—37—29—52
问题二,可按照下列24步抓住火鸡:8—52—14—13—8—9—16—18—10—11—42—39—31—33—26—22—45—50—4—5—69—60—2—3—7。

**83.** 只需要12步就可以完成。

**84.** 如图所示:

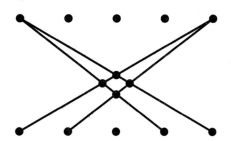

**85.** 狐狸每次只能运3只耳朵(英文中 Ears 既有耳朵的意思,也有玉米穗的意思;此外,ear 翻译成玉米),那么狐狸每次只能带1根玉米棒过河,因为它头上还有2只耳朵呢!这样狐狸需要来回游24次才能完成任务。

**86.** 第1901号绘画的内容是马铃薯泥。

**87.** 根据图片可以猜得杆子的高度在18~220英尺。只要看照片中影子就可以做出判断。

根据影子的长度来判断杆子等建筑物高度的方法,就是问题的所在。因为所有东西的影长和其实际高度的比值是一个定值。图中,从男孩指尖出发的铅垂线显示,影长是物体实际高度的1/3;也就是说,杆子的高度是其影长的3倍。接下来可以估算,所有电车轨道的宽度为4英尺8英寸,得知杆子的高度约19英尺8英寸。所以男孩抵达杆顶所需时间为34分40秒。